豁達寬容

身心安頓的智慧

杜天宇 著

蘭生幽谷，不為莫服而不芳；舟在江海，不為莫乘而不浮
君子行義，不為莫知而止休。平凡之人追求不平凡，
智者則甘於平凡，卻享受平凡。
征服世界，並不偉大，
一個人能征服自己，才是世界上最偉大的人。

前言

我們每個人都需要好心情，它是生命賦予我們的本能。沒有誰爲陰鬱、淒苦而降生於這個世界上。好的心情和性格一樣，雖有先天的基因，卻主要來自後天的修煉；它不會誕生在某一個時刻，而是天長日久中，人格、素養、品質、才情的自然流瀉。

我們內心的平靜，和我們在生活中所獲得的快樂，並不在於我們身處何方，也不在於我們擁有什麼，更不在於我們是怎樣的一個人，只在於我們的心靈所達到的境界。在這裏，外界的因素與此並無多大的關係。

在智者的眼中，生活中的點點滴滴，都可成爲歡樂的源泉。一滴閃亮的露珠，一個清新的早晨，一次黃昏中的散步，一個會心的微笑，一件小小的禮物，一份悠悠的思念……，只要你敞開心扉，全身心去領略大自然賦予自己的一切，感受人際間的溫馨和友愛，歡樂自然會來到你的身邊，湧上你的心頭。

擁有財富的人，不如擁有智慧的人。一個人，不能瞭解生命，生命對他來說是一種懲罰。人之所以痛苦，在於追求錯誤的東西。蘭生幽谷，不爲莫服而不芳；舟在江海，不為莫乘而不浮；君子行義，不為莫知而止休。平凡之人追求不平凡，智者則甘於平凡，卻享受平凡。征服世界，並不偉大，一個人能征服自己，才是世界上最偉大的人。

《身心安頓的智慧》一書，以中國文化的精髓為基礎，以佛家感悟人世的高超智慧為核心，融合了儒家和道家思想的精華，透過富有禪意和哲理的故事、濃縮的東方傳統智慧精華，全方位展示了佛的智慧和道的真諦，並與時俱進地引發了相關的人生哲理，以更貼近生活，滿足讀者的精神需求。

願你能靜下心來，反覆品味書中的故事和哲理，逐漸將禪的精神、佛的智慧、道的精髓融入生活、工作當中，以出世的思想，做入世的事業，把握時代脈搏，昇華人生的意義。仔細閱讀本書，會使你的精神生活更充實，物質生活更高雅，道德生活更圓滿，感情生活更純潔，人際關係更和諧！

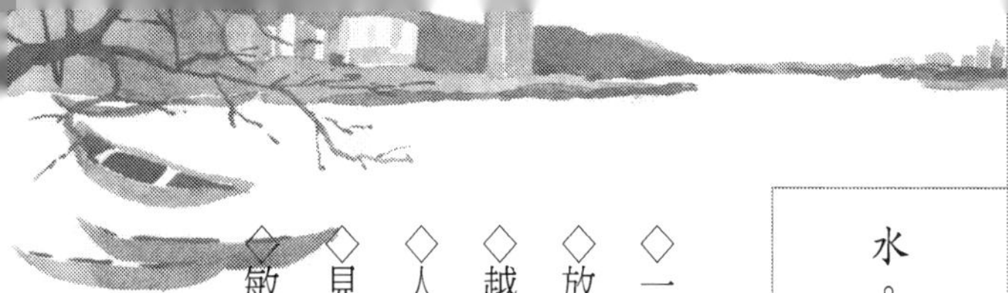

目錄

立身篇：水只注五分，器便穩

澗谷把自己放低，才能得到一脈流水。

——【金】佛覺禪師

曠達篇：意氣和平，天下自無可惡之人

是非不必爭人我，彼此何須論短長？

——【明】憨山大師

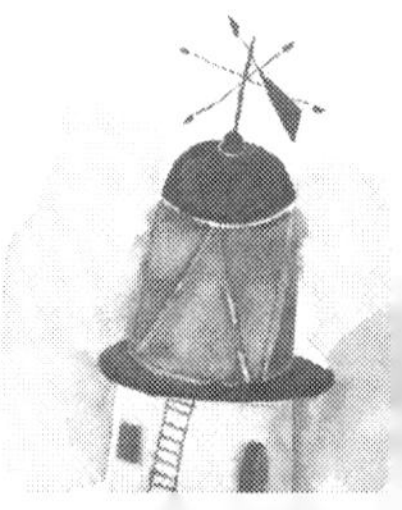

修養篇：不妄求則心安

人品之不高，總爲一利字看不破；學業之不進，總爲一懶字丟不開。

——【清】釋智禪師

自識篇：衆生都是佛祖

知人者智，自知者明；勝人者有力，自勝者強。

——【春秋】老聃

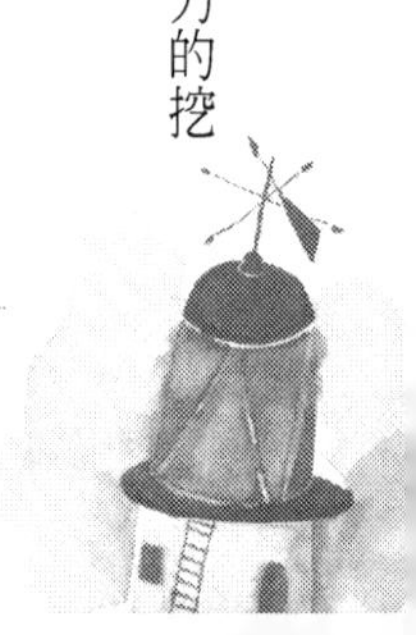

立身篇

水只注五分，器便穩

潤谷把自己放低，才能得到一脈流水。

—— 佛覺禪師

古人說：「帆只揚五分，船便安。水只注五分，器便穩。」「滿招損，謙受益。」這就是告訴我們，在生活中，不要自高自大，目空一切；要儘量採取謙卑的態度，認真聽取別人的意見。

1 一時熊熊的烈火，僅能遺留下一把灰燼

西元前四世紀，某國有一個十分繁榮的地區，自從新的統治者繼承王位掌管大權後，卻日漸衰落。新統治者對此十分震驚，大惑不解。於是，他起程前去名山寺廟尋訪智慧大師。

這位新統治者到達寺廟，他看到大師靜靜地端坐在小石丘上，眺望著毗鄰的山谷。他向大師述說了自己的處境後，屏住呼吸等待著大師的教誨，然而，令他失望的是大師一言未發，而是面露微笑，示意他隨其下山。

他倆默默地來到一條又寬又長、一望無際的大河岸邊，大師面對河水冥思片刻，便在岸邊架起一個柴堆。柴堆被點燃，火苗越來越大。大師讓他一起坐在火堆旁，就這樣，他們一直看著熊熊的火焰劃破了夜空。

隨著黎明的到來，火焰也慢慢地暗淡下來。這時，大師指著大河第一次開口說：「現在，你明白你無法和前統治者一樣，維持管轄地區繁榮的原因了嗎？」新統治者面帶困惑和羞愧，因爲他並沒明白大師的用意：「請原諒我的無知。我還無法理解您賜予

的智慧。」

大師說：「請回想一下，昨晚呈現在我們面前的火焰，它是那麼的強大和威武，它自高自大地向上跳躍和呼叫著，它無視一切強壯的樹木和野獸，它似乎可以輕而易舉地征服橫擋在面前的一切障礙。相反，再想一下這條大河，它起源於遠山的溪流，時快時慢，但總是向下流淌著，選擇低窪處作為前進的路線，它心甘情願地滲進大地每一道裂痕，浸入大地每一塊凹陷，因此謙恭是它的天性。當我們傾聽河水時，幾乎無所聞；而當我們觸摸河水時，幾乎無所覺；因為，善良、溫和是它的秉性。而說到底，一時熊熊的烈火遺留下什麼？僅是一把灰燼！因為火太強大了，所以，不僅沒有摧毀橫擋在面前的一切障礙，而且最終消耗掉自身，成為自身力量的犧牲品。平靜無聲的河水則恰恰相反，也正鑒於此，它才總是永遠不停地流淌著，越來越寬，越來越深，一旦到達浩瀚的大海，它將獲得永恆的生命，產生前所未有的威力。」

大師繼續說：「真正的統治者應該是水而不是火。因為水能夠戰勝一切障礙，擁有美好的生命。因此，不是強大、有權威的統治者，而是謙恭、具有內在力量的統治者，才能夠獲得民心，使其國家和地區繁榮昌盛。想想看，你屬於哪一類統治者？也許你所尋求的答案就在於此。」

醍醐灌頂

謙虛謹慎的品格，能夠幫助你看到自己的差距，永不自滿，不斷前進。可以使人能冷靜地傾聽他人的意見和批評，謹慎從事。否則，驕傲自大，滿足現狀，停步不前，主觀武斷，就會走彎路、犯錯誤。

2 放棄悠閒安逸，奔流不息才有生命力

爲了教導懶惰的小和尚，老師父給徒弟講了這樣一個寓言故事：

池塘無所事事，開始與身旁的河流攀談起來。

池塘對河流說：「無論什麼時候抬眼望你，你總是在奔流不息。這是怎麼回事啊？難道你不感覺到勞累嗎？而且我隨時都會看到，有時你拖著沉重的貨船，有時你運送著長長的木筏，至於你運載的小艇和舢板，更是多得無法統計呀！這種生活你要到幾時才會厭棄呢？說眞的，要是我，我會苦悶得死去！

「跟你相比，我的命運要好得多。當然，我沒有什麼名氣，不像你在地圖上蜿蜒了整整一頁，也沒有哪個歌手彈著琴把我頌揚。可是老實講，這一切毫無實際意義！我躺在岸邊柔軟的淤泥上，像貴婦人躺在羽毛褥墊上一般無憂無慮，享受這寧靜和安逸。我不僅不用擔心貨船或木排的侵擾，甚至不知道一條舢板有多少重量！如果發生意外，最多是一陣輕風吹落幾片樹葉，在我的水面上輕輕飄蕩。八面來風，我都能紋絲不動，靜觀著塵世的忙碌，思考生活的哲理。這樣悠閒自在的生活，哪裡去找啊？」

河流回答道：「既然你在思考生活的哲理，那你是否記得流水不腐的規律？如果說我還算得上是一條大河，那是因爲我放棄了安逸，遵循這個規律奔流不息。我年復一年，用源源不斷的清水爲人民服務，從而也贏得了尊敬和榮耀。也許我還會奔流很久很久，而那時你將不復存在，被人們完全忘記。」

果然，多年以後，河流仍川流不息；而可憐的池塘則一年不如一年，先是長滿密密的水藻和莎草，最後竟完全乾涸、消失了。

醍醐灌頂

肯於奉獻，願意為社會做些力所能及的事情的人，才能得到社會的認可，才能為自己的長足發展奠定良好的基礎。

3 越成熟的穀穗，越懂得彎腰

有位剛剛退休的資深醫生，醫術非常高明，許多年輕的醫生都前來求教，要求投靠在他門下。資深醫生選了其中一位年輕的醫生幫忙看診，兩人以師徒相稱。應診時，年輕醫生成爲得力助手，資深醫生理所當然是年輕醫生的導師。

由於兩人合作無間，診所的病患與日俱增，診所聲名遠播。爲了分擔門診時越來越多的工作量，避免患者等得太久，醫生師徒決定分開看診。

病情比較輕微的患者，由年輕醫生診斷；病情較嚴重的，由師父出馬。實行一段時間之後，指明掛號給徒弟看診的病患者，比例明顯增加。起初，師父不以爲意，心中也高興：「小病都醫好了，當然不會拖延成爲大病，病患減少，我也樂得輕鬆。」

直到有一天，醫生師父發現，有幾位病人的病情很嚴重，但在掛號時仍堅持要讓徒弟看診，對此現象他百思不解。

還好，醫生師徒兩人彼此信賴，相處時沒有心結，收入的分配，也有一套雙方都能接受的標準制度，所以師父並沒有往壞處想。也就不至於到懷疑徒弟從中搞鬼、故意搶病人的地步。

「可是，爲什麼呢？」師父問一位學者，「爲什麼大家不找我看診？難道他們以爲我的醫術不高明嗎？我剛剛才得到一項由醫學會頒贈的『傑出成就獎』，登在新聞報紙的版面也很大，很多人都看得到啊！」

爲了解開心中的疑團，學者來到徒弟的診所深入觀察。本來學者想佯裝成患者，後來因爲感冒，也就順理成章地到他的診所就醫，順便看看問題出在哪裡。

初診掛號時，負責掛號的小姐很客氣，並沒有刻意暗示病人要掛哪一位醫生的號。

復診掛號時，就有點學問了，學者發現很多病人都從師父那邊，轉到徒弟的診室。問題就出在所謂的「口碑效果」，徒弟的門診掛號人數偏多，等候診斷的時間也較長，有些病人在等候區聊天，交換彼此的看診經驗，呈現出「門庭若市」的場面，讓一些對自己病情較沒有信心的患者趨之若鶩。

更有趣的發現是，徒弟的經驗雖然不夠豐富，但就是因爲他有自知之明，所以問診時非常仔細，慢慢研究推敲，跟病人的溝通較多、也較深入。而且很親切、客氣，也常給病人加油打氣：「不用擔心啦！回去多喝開水，睡眠要充足，很快就會好起來的。」類似的心靈鼓勵，讓他開出的藥方更有加倍的效果。

回過來看看師父這邊，情況正好相反。經驗豐富的他，看診速度很快，往往病患者毋須開口多說，他就知道問題在哪裡，資深加上專業，使得他的表情顯得冷酷，彷彿對病人的苦痛漸漸麻痹，缺少同情心。

整個看診的過程，明明是很專業認眞的，卻容易使病患者產生「漫不經心、草草了事」的誤會。當學者向醫生師父提出這些觀點時，他驚訝地張大了嘴巴：「對呀！我自己怎麼都沒有發現！」

醍醐灌頂

越成熟的穀穗，越懂得彎腰。千萬不要在無意中擺出盛氣凌人的高姿態，讓別人覺得你高高在上，產生遙不可及的距離感。

4 人外有人，不可自高自大

隱峰禪師跟從馬祖禪師三年，自以爲得道高深，於是有些洋洋得意起來。他備好行裝，挺起胸脯，辭別馬祖，準備到石頭希遷禪師處一試禪道。

馬祖禪師看出隱峰有些心浮氣傲，決定讓他親自碰一回釘子，從失敗中獲得經驗。臨行前特意提醒他：「小心啊，石頭路滑。」這話一語雙關：一是說山高路滑，小心石頭絆了栽跟頭；實際卻是說那石頭禪師機鋒了得，弄不好就會碰壁。

隱峰卻不以爲然，揚手而去。他一路興高采烈，並未栽什麼跟頭，不禁更加得意了。一到石頭禪師處，隱峰就繞著法座走了一圈，並且得意地問道：「你的宗旨是什麼？」石頭連看都不看他一眼，而是兩眼朝上回答道：「蒼天！蒼天！」（禪師們經常用蒼天來表示自性的虛空）。隱峰無話可對，他知道「石頭」的厲害了，這才想起來馬祖說過的話，於是重新回到馬祖處。

馬祖聽了事情的始末，告訴隱峰：「你再去問，等他再說『蒼天』，你就『噓——噓——』兩聲。」你石頭用「蒼天」來代表虛空，到底還有文字，可這「噓——噓——」

兩聲，不沾文字！眞是妙哉！隱峰彷彿得了個法寶，欣然上路。

他這次滿懷信心，以爲天衣無縫了，他還是同樣的動作，問了同樣的問題，豈料石頭卻先朝他「噓——噓——」兩聲，這讓他措手不及。他呆在那裏，不得其解，怎麼自己還沒噓出聲，就被噎了回來！

這次他沒有了當初的傲慢，喪氣而歸。他畢恭畢敬地站在馬祖面前，聽從教誨。馬祖點著他的腦門：「我早就對你說過『石頭路滑』嘛！」

醍醐灌頂

古人說：「帆只揚五分，船便安；水只注五分，器便穩。」「謙虛使人進步，驕傲使人落後」，這是再簡單不過的道理。在生活中，時刻不要忘記：人外有人，天外有天。

5 見識愈短淺的人，反而愈盲目自大

小和尚研習了一年佛經，便覺得自己的修爲已達到了爐火純青的地步，爲了警示弟子，他的師父給他講了這樣一個故事：

秦漢時代，我國西南地區居住著許多部落。漢初，由於朝廷忙著平定內亂和對付北方匈奴的侵犯，沒有餘力顧及到遙遠的西南地區，而西南的這些部落，也從不知道外面的世界。

西南地區的這些部落都很小，他們散住在山中、林間。其中有一支名爲「夜郎」的部落，就算是很大的了。

夜郎部落有個首領名叫多同。在他眼裏，夜郎就是天底下最大的國家了。

一天，他騎馬帶著隨從出外巡遊，他們來到一片平坦的土地上，多同揚鞭指著前方說：「你們看！這一望無邊的疆土，都是我的，有哪一國能比它大呢？」

跟隨一旁的僕從連忙獻媚說：「大王您說的很對，天下還有哪一國比夜郎更大呢！」多同心裏沾沾自喜。

他們又來到一大片高山前，多同仰起頭，看著巍峨的高山說：「天下還找得到比這更高的山嗎？」

隨從連忙應和說：「當然找不到，天下哪有比夜郎的山更高的山呢！」

後來，他們來到一條江邊，多同跳下馬來，指著滔滔江水說：「你們看，這條江又寬又長，這是世界上最長最大的河了。」

隨從們沒有一個不同意的，都齊聲說：「那是肯定的。我們夜郎是天下最大的國家。」

這次出遊以後，夜郎國的人更加自大起來。

漢武帝時候，武帝派使者出使印度，經過夜郎國。

夜郎的首領多同從沒去過中原，根本不知道中原是怎麼回事。於是他派人將漢朝使者請進部落帳中。多同問漢朝使者說：「漢和夜郎相比，哪個大些？」

漢使者聽了多同的問話，不禁哈哈大笑起來，他回答說：「夜郎和漢是完全不能相比的。漢朝的州郡就有好幾十個，而夜郎的全部地盤還抵不上漢朝一個郡的地盤。你看，哪一個大呢？」

多同一聽，不禁目瞪口呆，滿臉羞愧。

醍醐灌頂

古人說：「罔談彼短，我亦有短；靡恃己長，人各有長。」在現實生活中，見識愈短淺的人反而愈盲目自大；見識越廣的人越懂得謙虛。我們要開闊視野，避免犯「夜郎自大」的錯誤。

6 敏學問者，終身無所謂滿足時

為了告誡弟子們謙虛謹慎，虛雲禪師經常給他們講述下面的故事：

有一顆與眾不同的樹種，被選了出來，要種在一片荒漠的土地上。

「多麼優秀的一顆樹種啊，你應該為此感到驕傲。」人們讚美道。

「我只是一顆樹種而已，還沒有資格驕傲。」樹種小聲地說。

樹種發芽了，它長勢十分良好，隆冬酷暑、狂風暴雨，但是都不能摧毀它。

「多麼堅強的一棵小樹啊，你應該為你自己驕傲。」人們讚美道。

「我還只是一棵小樹，沒有勇氣驕傲。」小樹輕聲地說。

小樹長大了，它枝繁葉茂，高入雲端。

「多麼高大的一棵樹啊，你應該為此驕傲。」人們讚美道。

「我已經是一棵大樹了，沒有必要驕傲。」大樹無聲地說。

醍醐灌頂

古人說：「大本領人，當時不見有奇異處；敏學問者，終身無所謂滿足時。」不管你是誰，不管處於什麼樣的位置，都不要驕傲，而是應該時刻清醒地認識自己，保持謙虛謹慎的姿態

7 凡驕傲自滿的人，沒有不失敗的

孔子帶著學生到魯桓公的祠廟裏參觀的時候，看到了一個可用來裝水的器皿，形體傾斜地放在祠廟裏。在那時候把這種傾斜的器皿叫欹器。

孔子便向守廟的人問道：「請告訴我，這是什麼器皿呢？」守廟的人告訴他：「這是欹器，是放在座位右邊，用來警戒自己，如『座右銘』一般用來伴坐的器皿。」孔子說：「我聽說這種用來裝水的伴坐的器皿，在沒有裝水或裝水少時就會歪倒；水裝得適中，不多不少的時候就會是端正的。裏面的水裝得過多或裝滿了，它也會翻倒。」說著，孔子回過頭來對他的學生們說：「你們往裏面倒水試試看吧！」學生們聽後舀來了水，一個個慢慢地向這個可用來裝水的器皿裏灌水。

果然，當水裝得適中的時候，這個器皿就端端正正地在那裏。不一會，水灌滿了，它就翻倒了，裏面的水流了出來。再過了一會兒，器皿裏的水流盡了，就傾斜了，又像原來一樣歪斜在那裏。

這時候，孔子便長長地歎了一口氣說道：「唉！世界上哪裡會有太滿而不傾覆翻倒的事物啊！」

醍醐灌頂

「滿招損，謙受益。」凡驕傲自滿的人，沒有不失敗的。一方面，它會導致自高自大，看不起別人；另一方面，它會導致盲目自信，不思進取。因此，一個人一定要謙虛謹慎，不要驕傲自滿。

8 越是沒有眞才實學的人，越是追求虛榮

狐狸和猴子好幾天沒吃東西了，在路上它們發現了一個洞穴，裏面有個神像和兩個瓶子。

狐狸祈求神像：「我們幾天沒吃東西了，這樣下去會餓死的……」

神像說：「這兒有兩個瓶子，一個裝滿食物，一個是空的，你只能用觀察來選擇一個。」

狐狸說：「神說兩個瓶子中有一個裝滿食物，另外一個是空的；我看這兩個瓶子肯定都是空的。」

聽了這話，一個瓶子開口了：「我才不是空的……」

狐狸一聽，伸手抱走另一個瓶子。打開瓶口，果然裏面都是食物。

猴子大惑不解地問：「你怎麼知道這個瓶子裏有食物？」

狐狸笑著說：「肚子空空的人，最怕人家說他空瓶子；肚子有墨水的人，你說什麼他都不在乎。」

醍醐灌頂

越是沒有真才實學的人，越是追求虛榮，越是怕別人看出自己無知；結果卻只能給人留下更多的笑柄。

9 澗谷把自己放低，才能得到一脈流水

一個滿懷失望的年輕人，千里迢迢來到法六寺，對住持和尚說：「我一心一意要學丹青，但至今沒有找到一個能令我滿意的老師。」

住持和尚笑笑問：「你走南闖北十幾年，眞的沒能找到一個老師嗎？」年輕人深深歎了口氣說：「許多人都是徒有虛名啊，我見過他們的畫，有的畫技甚至不如我呢！」

住持和尚聽了，淡淡一笑說：「老僧雖然不懂丹青，但也頗愛收集一些名家精品。既然施主的畫技不比那些名家遜色，就煩請施主爲老僧留下一幅墨寶吧。」說著便吩咐一個小和尚取來了筆墨硯和一遝宣紙。

住持和尚說：「老僧的最大嗜好，就是愛品飲茶，尤其喜愛那些造型流暢古樸的茶具。施主可否爲我畫一個茶杯和一個茶壺？」年輕人聽了，說：「這還不容易。」於是調了一硯濃墨，鋪開宣紙，寥寥數筆，就畫出一個傾斜的水壺和一個造型典雅的茶杯。那水壺的壺嘴正徐徐吐出一脈茶水來，注入到了那茶杯中去。年輕人問住持和尚：「這幅畫您滿意嗎？」

住持和尚微微一笑，搖了搖頭。

住持和尚說：「你畫得確實不錯，只是把茶壺和茶杯放錯位置了。應該是茶杯在上，茶壺在下呀。」年輕人聽了，笑道：「大師爲何如此糊塗？」

住持和尚聽了，又微微一笑說：「原來你懂得這個道理啊！你渴望自己的杯子裏能注入那些丹青高手的香，但你總把自己的杯子放得比那些茶壺還要高，香怎麼能注入你的杯子裏呢？澗谷把自己放低，才能得到一脈流水；人只有把自己放低，才能吸納別人的智慧和經驗。」

年輕人思忖良久，終於恍然大悟。

醍醐灌頂

人們對事物的認識和所要掌握的知識、技能是無限的，一個人無論多麼聰明、多麼有才華，他的知識和本領也是非常有限的；一個人，無論經驗多麼豐富，在錯綜複雜的客觀事物面前，對問題的認識和處理也難免會有失誤。因此，我們應該秉持謙虛的態度，積極向別人學習。

10 江海之所以能爲百谷王者，以其善下之

清代有名的經學家、史學家、文學家畢秋帆是江蘇鎭江人，與司馬光的《資治通鑑》相媲美的《續資治通鑑》，就是他編纂的。

乾隆三十八年，畢秋帆任陝西巡撫。赴任的時候，經過一座古廟，畢秋帆進廟內休息。一個老和尚坐在佛堂上念經，人報巡撫畢大人來了，這個老和尚既不起身，也不開口，只顧念經。畢秋帆當時只有四十出頭，英年得志，自己又中過狀元，名滿天下，見老和尚這樣傲慢，心裏很不高興。老和尚念完一卷經之後，離座起身，合掌施禮，說道：「老衲適才佛事未畢，有疏接待，望大人恕罪。」

畢秋帆說：「佛家有三寶，老法師爲三寶之一，何言疏慢？」

隨即，畢秋帆上坐，老和尚側坐相陪。

交談中，畢秋帆問：「老法師誦的何經？」

老和尚說：「《法華經》。」

畢秋帆說：「老法師一心向佛，摒除俗務，誦經不輟，這部《法華經》想來應該爛

熟如泥，不知其中有多少『阿彌陀佛』？」

老和尚聽了，知道畢秋帆心中不滿，有意出這道題難他，不慌不忙，從容地答道：「老衲資質魯鈍，隨誦隨忘。大人文曲星下凡，屢考屢中，一部《四書》想來也應該爛熟如泥，不知其中有多少『子曰』？」畢秋帆聽了不覺大笑，對老和尚的回答極爲讚賞。

獻茶之後，老和尚陪畢秋帆觀賞菩薩殿宇，來到一尊歡喜佛的佛像前，畢秋帆指著歡喜佛的大肚子，對老和尚說：「你知道他這個大肚子裏裝的是什麼嗎？」

老和尚馬上回答：「滿腹經綸，人間樂事。」

畢秋帆不由連聲稱好，因而問他：「老法師如此捷才，取功名容易得很，爲什麼要拋卻紅塵，皈依三寶？」

老和尚回答說：「富貴如過眼雲煙，怎麼比得上西方一片淨土！」

兩人又一同來到羅漢殿，殿中十八尊羅漢各種表情、各種姿態栩栩如生。畢秋帆指著一尊笑羅漢問老和尚：「他笑什麼呢？」

老和尚回答說：「他笑天下可笑之人。」

畢秋帆一頓，又問：「天下哪些人可笑呢？」

老和尚說：「恃才傲物的人，可笑；貪戀富貴的人，可笑；倚勢淩人的人，可笑；鑽營求寵的人，可笑；阿諛逢迎的人，可笑；不學無術的人，可笑；自作聰明的人，可笑……」

畢秋帆越聽越不是滋味，連忙打斷他的話，說道：「老法師妙語連珠，針砭俗子，下官領教了。」說完深深一揖，便帶領僕從離寺而去。

從此，畢秋帆再也不敢小看別人了。

醍醐灌頂

古人說：「江海之所以能為百谷王者，以其善下之，故能為百谷王。」為人處世雖不能妄自菲薄，也不可自高自大，總覺得自己有什麼了不起，高看自己、小看別人。做人要謙和、寬厚，千萬不可恃才傲物。

11 找正自己的位置，以謙卑的態度處世

佛光禪師和學僧說法、開示、接心，都坐在法堂裏的寶座上，所以這個寶座在全寺僧人的心目中是「法」的象徵、「悟」的標誌，因此又叫此寶座為「法座」。

有一次，佛光禪師應邀到南方弘法，一連數日不在，侍者每天仍如往昔地在法堂裏灑掃，尤其是佛光禪師的寶座，更是擦拭得一塵不染。一日，中午跑香後，侍者非常驚訝地發現，知客師竟然端坐在佛光禪師的寶座上，和信徒講話，因對方是知客師，侍者不敢表示什麼，但一顆心卻老掛礙著。到晚餐時，維那師也很自然地往寶座上一坐，閉目參禪起來。侍者看了，更是不以為然，心想：那是禪師的寶座啊！怎可如此的不尊重呢？

接連幾天，衣缽師、殿主師、香燈師……，經常藉故在法堂會客，並且很「自然」的都會在佛光禪師的寶座上安坐。

一天，下殿後，侍者正要到法堂打掃時，看到知客師、殿主師、香燈師……等大執事都在堂內話家常，尤其是知客師還端坐在佛光禪師的寶座上，侍者多日來的不平，實

在忍不住了，不覺地問道：「各位執事法師，你們知道這是什麼地方嗎？」

知客師答道：「法堂呀！」

侍者再問道：「法堂做什麼用呢？」

殿主師回答道：「是佛光禪師開示、說法、與學僧接心的地方，誰不知道呢？」

侍者不悅地又問道：「既是如此，你們怎可毫不恭敬地在此散心雜話，還坐在禪師的寶座上呢？」

執事法師不約而同地答道：「可是禪師不在家呀！」

侍者脫口而出道：「禪師既然不在，那你們就代理禪師，你們都做住持，請先爲我開示接心吧！」

執事法師無言以對。

醍醐灌頂

在生活中，要準確認識自己。不具備相應的能力，就不要貪爭重要的權位，否則就不能贏得別人的支持。

12 對人恭敬，就是在莊嚴自己

小和尚覺緣在跟一位知名畫家學畫畫。小和尚幾乎每次去師父家，總能遇上有青年畫家登門求教，師父也總是很耐心地給人看畫指點，常常一耽擱就是大半天。對於有潛力的青年愛好者，他還熱心地反覆做示範，更是消耗了大量的時間和精力。覺緣知道師父的時間很寶貴，而提攜後輩完全是盡義務的，就忍不住問他：「您何必這樣呢？你隨便畫一幅畫就是幾千上萬塊錢，多畫點畫多好，何必都把時間浪費在這些小人物的身上？」

師父愣了愣，然後笑著說：「我給你講個故事吧。四十年前，有一個青年拿了自己的畫作到省城，想請一位自己敬仰的畫家指點一下。那畫家看這青年是個無名小卒，連畫軸都沒讓青年打開，就說自己有事，下了逐客令。那青年走到門口，轉過身說了一句話：『老師，您現在站在山頂，往下看我這個無名小卒，把我看得很渺小；但您也應該知道，我在山下往上看您，您也同樣很渺小！』說完轉身揚長而去。因爲這件事，這青年後來發憤學藝，總算有了一點小名氣。但他時刻記得那一次冷遇，時刻提醒自己，一個人的形象是否高大，並不在於他所處的位置，而在於他的人格、胸襟、修養。當年的那個年輕人，就是我。」

那天，畫家專門給覺緣畫了一幅畫。那幅畫是一座山峰，山頂有一個人往下看，山下有一個人往上看，兩個人果然是一樣大小的。

醍醐灌頂

佛家說：「對人恭敬，就是在莊嚴自己。」一個人在別人眼中的形象是否高大，並不在於他處在什麼樣的位置，而在於他如何為人處世，是否具有高尚的人格、寬廣的胸襟。

13 虛空地自我膨脹，不會得到好的下場

一場暴雨過後，池塘的水面上漂起了串串水泡。這些水泡在水面漂浮著，不斷地合成大的水泡。

其中一個大水泡在水裏飄飄悠悠地晃著，只見它向左一晃，吞併了身旁的一個小水泡；向右一晃，又吞併了一個。伴隨它一個個地吞噬同伴的同時，它的身體也一點點地膨脹著。這時，大水泡有些飄飄然了……

「哈哈哈，我太偉大了，我是世界之王！你們這些小不點都是我的臣民，如果誰敢冒犯我，我就將它吞噬……」

一個小水泡實在看不下去了，警告它說：「親愛的朋友，不要太霸道了。這樣下去你會把自己毀掉的！」

「什麼？你只是一個小不點，竟然還敢指責我！哈哈哈！」對小水泡的直言，大水泡感到很可笑。「你竟然敢對我如此不敬，就讓其他人看看反抗我的下場吧，我要吃掉你……」

說著，它開始向小水泡漂了過去。

然而，當大水泡腆著圓鼓鼓的肚子，肆無忌憚地逼近小水泡，想要吞滅它的時候，由於肚子撐得太大，「嘭」，它一下漲破，猝然不見了。

醍醐灌頂

一個不能正確認識自己、自視過高的人，常常會瞧不起同類，不經意間傷害別人，最終結果傷害的只能是他自己。

14 虛心地接受別人的意見，才能避免許多懊悔

兩個小和尚在練功。師兄指出了師弟姿勢不到位的地方，師弟嘴裏稱是，心裏不服，依舊按照錯誤的姿勢去練，老師父在一旁不住地搖頭。略加沉思，老師父給小和尚講了一個故事：

從前有個極端自信的人，名叫蹶叔。他從來不聽別人的忠告，老是事後懊悔。他的朋友勸他，「不要在高地上種稻，在窪地裏種高粱」，他把勸告當作耳邊風，結果年年歉收。當他走到朋友的窪地邊，看到金黃色的稻浪時，才懊悔莫及地說：「我爲什麼不聽朋友的勸告呢？」

蹶叔也做生意，但總是別人販賣什麼貨物，他也販賣什麼貨物，因此，貨物總是賣不出去，結果做生意老是賠本，弄得十分窮困。他非常懊惱地說：「我爲什麼不早些改變購貨的方法呢？」

後來蹶叔和一位朋友去航海，船開到接近大洋的時候，朋友對他說：「我們不能再前進了，前面是歸塘，水勢很險，過去了就難回來了。」但蹶叔依舊把船開到了歸塘，

一股漩流把船轉了過去，險些葬身海底。直到九年以後，一次強烈的大海風，才把他們坐的那艘船又吹了回來。

這時，蹶叔的頭髮和鬍子全白了，人也很衰老了。他神情懊喪地對朋友哀歎道：「這次航海幾乎老死在海外，我眞該早聽你的勸告啊！」

醍醐灌頂

俗話說：「聽君一席話，勝讀十年書。」只有認真聽取別人的忠告，善於吸取教訓，做一個虛心接受意見的人，才能避免許多懊悔及煩惱。

15 要尊重實踐經驗，重視別人的建議

無妄和尙爲了興建一幢禪房，讓弟子們在寺廟周圍砍伐了一批木材。這批木材剛一運到房宅基地，他就找來工匠，催促其即日動工建房。

工匠一看，地上橫七豎八堆放的木料，還是些連枝杈也沒有收拾乾淨的、帶皮的樹幹。樹皮脫落的地方，露出光澤、濕潤的白皙木芯；樹幹的斷口處，還散發著一陣陣樹脂的清香。用這種木料怎麼能馬上蓋房呢？所以工匠對無妄和尙說：「師父，我們目前還不能開工。這些剛砍下來的木料含水太多、質地柔韌、抹泥承重以後容易變彎。初看起來，用這種木料蓋的房子與用乾木料蓋的房子相比，差別不大，但是時間一長，還是用濕木料蓋的房子容易倒塌。」

無妄和尙聽了工匠說的話以後，冷冷一笑。他反駁道：「依你所見，不就是存在一個濕木料承重以後容易彎曲的問題嗎？然而你並沒有想到濕木料乾了會變硬，稀泥巴乾了會變輕的道理。等房屋蓋好以後，過不了多久，木料和泥土都會變乾。那時的房屋是用變硬的木料支撐著變輕的泥土，怎麼會倒塌呢？」

工匠們只是在實踐中懂得用濕木料蓋的房屋壽命不長，可是眞要說出個詳細的道理，他們也感到爲難。因此，工匠只好按照無妄和尙的要求去辦。雖然在濕木料上拉鋸用斧、下鑿推刨很不方便，工匠還是克服種種困難，按尺寸、規格搭好了禪房的骨架。抹上泥以後，一幢新房就落成了。

開始那段日子，無妄和尙對於很快就有了新的禪房頗感驕傲。他認爲這是自己用心智折服工匠的結果。可是時間一長，這幢新的禪房越來越往一邊傾斜。無妄和尙的樂觀情緒，也隨之被憂心忡忡取而代之。無妄和尙怕出事故，不敢讓人進入這幢禪房。沒過多久，這幢房子終於倒塌了。

醍醐灌頂

我們做任何事情，都必須多徵求別人的意見，多借鑒別人的經驗，尊重實踐經驗和客觀規律，不能主觀蠻幹。否則，就容易遇挫折、受懲罰。

16 良藥苦口，忠言逆耳

虢國的國君平日裏只愛聽好話，聽不得反面的意見，在他的身邊圍滿了只會阿諛奉承而不會治國的小人，直至有一天虢國終於亡國。那一群誤國之臣也一個個作鳥獸散，沒有一個人願意顧及國君的，虢國的國君總算僥倖地跟著一個車夫逃了出來。

車夫駕著馬車，載著虢國國君逃到荒郊野外，國君又渴又餓、垂頭喪氣，車夫趕緊取過車上的食品袋，送上清酒、肉脯和乾糧，讓國君吃喝。國君感到奇怪，車夫哪來的這些食物呢？於是他在吃飽喝足後，便擦擦嘴問車夫：「你從哪裡弄來這些東西呢？」

車夫回答說：「我事先準備好的。」

國君又問：「你爲什麼會事先做好這些準備呢？」

車夫回答說：「我是專替大王您做的準備，以便在逃亡的路上好充饑、解渴呀。」

國君不高興地又問：「你知道我會有逃亡的這一天嗎？」

車夫回答說：「是的，我估計遲早會有這一天。」

國君生氣了，不滿地說：「既然這樣，爲什麼過去不早點告訴我？」

車夫說：「您只喜歡聽奉承的話。如果是提意見的話，哪怕再有道理您也不愛聽。我要給您提意見，您一定聽不進去，說不定還會把我處死。要是那樣，您今天便會連一個跟隨的人也沒有，更不用說誰來給您吃的喝的了。」

國君聽到這裏，氣憤至極，紫漲著臉指著車夫大聲吼叫。

車夫見狀，知道這個昏君眞是無可救藥，死到臨頭還不知悔改。於是連忙謝罪說：「大王息怒，是我說錯了。」

兩人都不說話，馬車走了一程，國君又開口問道：「你說，我到底爲什麼會亡國而逃呢？」

車夫這次只好改口說：「是因爲大王您太仁慈賢明了。」

國君很感興趣地接著問：「爲什麼仁慈賢明的國君不能在家享受快樂，過安定的日子，卻要逃亡在外呢？」

車夫說：「除了大王您是個賢明的人外，其他所有的國君都不是好人，他們嫉妒您，才造成您逃亡在外的。」

國君聽了，心裏舒服極了，一邊坐靠在車前的橫木上，一邊美滋滋地自言自語說：「唉，難道賢明的君主就該如此受苦嗎？」他頭腦裏一片昏昏沉沉，十分困乏地枕著車夫的腿睡著了。

這時，車夫總算是徹底看清了這個昏庸無能的虢國的國君，他覺得跟隨這個人太不值得。於是車夫慢慢從國君頭下抽出自己的腿，換一個石頭給他枕上，然後離開國君，頭也不回地走了。

最後，這位亡國之君死在了荒郊野外，被野獸吃掉了。

醍醐灌頂

「良藥苦口，忠言逆耳。」只愛聽奉承話、聽不進批評意見的人，頑固按照自己的想法獨斷獨行，不採納他人的意見，一味執迷不悟，後果將是十分可悲的。

曠達篇

意氣和平，天下自無可惡之人

是非不必爭人我，彼此何須論短長？

——（明）憨山大師

古人說：「我果為洪爐大冶，何患頑金鈍鐵之不可陶熔。我果為巨海長江，何患橫流汙瀆之不能容納。」這就是告訴我們，在生活中要豁達些、寬容些，不要斤斤計較、睚眥必報。善於克己忍讓，才能夠拓寬人生的道路。

1 心胸寬闊的人是不可戰勝的

有一位青年，脾氣非常暴躁、易怒，並且喜歡與人打架，所以很多人都不喜歡他。

有一天，他無意中遊蕩到大德寺，碰巧聽到一休禪師正在說法，聽完後發願痛改前非，就對禪師說：「師父！我以後再也不跟人打架口角，免得人見人厭，就算是受人唾面，也只會忍耐地拭去，默默地承受！」

一休禪師說：「嗳！何必呢，就讓唾沫自乾吧，不要去拂拭！」

「那怎麼可能？爲什麼要這樣忍受？」

「這沒有什麼不能忍受的，你就把它當作蚊蟲之類停在臉上，不值得與它打架或者罵它，雖受唾沫，但並不是什麼侮辱，微笑地接受吧！」一休說。

「如果對方不是唾沫，而是用拳頭打過來時，那怎麼？」

「一樣呀！不要太在意！這只不過一拳而已。」

青年聽了，認爲一休說的太沒道理，終於忍耐不住，忽然舉起拳頭，向一休禪師的頭打去，並問：「和尚！現在怎麼樣？」

禪師非常關切地說：「我的頭硬得像石頭，沒什麼感覺，倒是你的手大概打痛了吧？」

青年啞然，無話可說。

醍醐灌頂

心胸寬闊的人是不可戰勝的。當某些小人蓄意向你挑釁的時候，你採取更理智的態度，暫時巧妙地躲開，就可以避免兩敗俱傷的悲劇。

2 尋覓別人身上的閃光點，感受世界的美好

在一條比較繁華的街道上，一位僧人總能看到幾個畫家的生意出奇地好。畫攤周圍聚集了很多人，而其他畫攤邊的人卻寥寥無幾。

一天，僧人也擠進了人群想探個究竟。

「給我也畫一幅！」一個小夥子搶先坐到小木椅上。他衣著邋遢，尖嘴猴腮，看起來很討厭。作家暗忖：這模樣還當眾畫像，簡直就是出醜！

畫家上上下下打量著小夥子，旁若無人、異常專注，然後又示意小夥子調整身體眼神的位置和方向，認眞揣摩。準備就緒後，畫家便奮筆疾書，幾分鐘後，一幅畫交到小夥子的手上。

大家紛紛湊過來一睹爲快。哇！像極了！這也的確是人們的第一印象：小夥子有幾分像日本影星高倉健，而畫中人面容稜角分明、雙目炯炯，更把小夥子的特點突出出來。小夥子拿著畫端詳了老半天，眉開眼笑十分滿意。他絕對沒想到形象醜陋的自己，在畫家筆下竟會有如此神韻。

接下來，一個看樣子圓滑勢利、大腹便便的商人，在畫筆下，變得慈眉善目、笑容可掬；一個兇神惡煞的彪形大漢，則變得豪放耿直，像梁山好漢一般令人敬畏……

這時，僧人已恍然大悟。這位瘦小畫家的高明之處就在於：他總能用心捕捉到所畫對象最美好的氣質，然後發揚光大，所以他的畫受到大家的歡迎。

醍醐灌頂

生活中沒有十全十美的人，也沒有十惡不赦的人。如果我們能用一顆寬容的心，去對待身邊每個人，我們一定能尋覓到他們身上的閃光點，感受到世界的美好。

3 不肯定不懷疑的事物，不懷疑不肯定的事物

鶴林玄素禪師，俗姓馬，時人皆稱他爲馬素，後來的人更模擬馬祖道一禪師而稱之爲「馬祖」，可見其知名度似乎與馬祖相等。

有一個屠夫，仰慕鶴林禪師的道德聲望，特地準備上好飲食，至誠懇切地邀請鶴林禪師赴宴。鶴林禪師也就非常隨緣的前去，致使全寺大眾爲之譁然。看大家那種不以爲然的表情，鶴林禪師泰然道：「佛性平等，賢愚一致，放下屠刀，立地成佛，可度者，吾即度之，這有什麼好訝異的呢？」

鶴林禪師說罷，就毫無顧忌的前去接受屠夫的供養，回來後，禪師房間緊閉，不和人講話，有一學僧幾度的去敲鶴林禪師的門。

鶴林禪師在房內問道：「誰啊？」

學僧回答道：「師父，是我。」

鶴林禪師應道：「不要說是你，就是佛祖也不能進來。」

學僧不解似地問道：「爲什麼連佛祖都不能進去呢？」

鶴林禪師答道：「因爲這裏已無空間給佛祖住宿了。」

學僧問道：「那麼，你告訴我什麼是祖師西來意，我就不進去好了。」

鶴林禪師用非常慈悲的聲音答道：「祖師西來意就是到屠夫家中應供。」

學僧聽後，又問道：「這種西來意，難道不怕人懷疑嗎？」

鶴林禪師答道：「懷疑的事就是不懷疑，認識的事就是不認識。我這裏沒有懷疑的人，你要懷疑到別處去懷疑好了，因爲我不肯定不懷疑的事物，不懷疑不肯定的事物。」

學僧終於省悟，在門外頂禮而去。

鶴林禪師知道，屠夫所操的是殺業，他虔誠供養，這確實是佛心，一個證悟禪道的人，怎能不接受佛心呢？

醍醐灌頂

一塊堆滿了腐草和糞便的土地，才是能生長許多植物的好土壤；一條清澈見底的河流，常常不會有魚蝦來繁殖。所以君子應該有容忍庸俗的氣度和寬恕他人的雅量，絕對不可因自命清高、不跟任何人來往而陷於孤獨。

4 既曰一切，何有除外

有一個農夫，禮請無相禪師到家裏來爲他的亡妻誦經超度，佛事完畢以後，農夫問道：「禪師！你認爲我的太太能從這次佛事中得到多少利益呢？」

無相禪師照實說道：「當然！佛法如慈航普渡，如日光遍照，不只是你的太太可以得到利益，一切有情眾生無不得益。」

農夫不滿意道：「可是我的太太是非常嬌弱的，其他眾生也許會占她便宜，把她的功德奪去。能否請您只單單爲她誦經超度就好，不要迴向給其他的眾生。」

無相禪師慨歎農夫的自私，但仍慈悲地開導道：「迴轉自己的功德以趨向他人，使每一眾生均沾法益，是個很討巧的修持法門，『迴向』有迴事向理、迴因向果、迴小向大的內容，就如一光不是照耀一人，一光可以照耀大眾；就如天上太陽一個，萬物皆蒙照耀；一粒種子可以生長萬千果實，你應該用你發心點燃的這一根蠟燭，去引燃千千萬萬支的蠟燭，不僅光亮增加百千萬倍，本身的這支蠟燭，並不因而減少亮光。如果人人都能抱有如此觀念，則我們微小的自身，常會因千千萬萬人的迴向，而蒙受很多的功德，何樂而不爲呢？所以我們佛教徒應該平等看待一切眾生！」

農夫仍是頑固地說道：「這個教義很好，但還是要請法師破個例，我有一位鄰居老胡，他對我可說是欺我、害我，能把他除去在一切有情眾生之外就好了。」

無相禪師以嚴厲的口吻說道：「既曰一切，何有除外？」

農夫茫然，若有所失。

醍醐灌頂

古人說：「我有功於人不可念，而過則不可不念；人有恩於我不可忘，而怨則不可不忘。」為什麼世人常常幹些損人不利己的事，卻不願幹那些利己利人的事呢？自己快樂，也讓別人快樂，才應該是人生的真諦。

5 出門在外，難免心情不好

唐朝開元年間，有位夢窗禪師，他德高望重，並且還做了本朝的國師。

有一次，他搭船渡河，渡船剛要離岸，遠處來了一位騎馬佩刀的將軍，大聲喊道：「等一等，等一等，載我過去。」他一邊說，一邊把馬拴在岸邊，拿了鞭子朝小船走來。

船上的人紛紛說道：「船已經開了，不能回頭了，乾脆讓他等下一會吧。」船夫也大聲喊道：「請等下一會吧。」將軍非常失望，急得在水邊團團轉。

這時，坐在船頭的夢窗禪師對船夫說道：「船家，這船離岸還沒有多遠，你就行個方便，掉過船頭載他過河吧。」船家一看，是位氣度不凡的出家師父開口求情，就把船開了回去，讓那位將軍上了船。

將軍上了船後，就四處尋找座位，無奈座位已滿。這時，他看到了坐在船頭的夢窗禪師，於是拿起鞭子就打，嘴裏還粗野地罵道：「老和尚，快走開。沒看見你大爺上船了嗎？快把座位讓給我。」沒想到，這一鞭正好打在夢窗禪師的頭上，鮮血順著他的臉頰汩汩地留了下來。禪師一言不發，把座位讓給了那位將軍。

看到這一切，大家心裏既害怕將軍的蠻橫，又為禪師抱不平，人們紛紛竊語：這將軍眞是忘恩負義，禪師請求船夫才回去載他，他不僅搶了禪師的位子，還打人家。從大家的議論聲中，將軍明白了一切。他心裏非常慚愧，懊惱不已，但身為將軍，他又不好意思認錯。

不一會，船到了對岸，大家都下了船。夢窗禪師默默地走到了水邊，洗掉了臉上的血污。此時，那位將軍再也忍受不住了，他走上前，跪在禪師面前，懺悔道：「禪師，我眞對不起您。」

誰知，夢窗禪師不僅沒有生氣，反而心平氣和地說：「不要緊，出門在外，難免心情不好。」

醍醐灌頂

古人說：「心體澄澈，常在明鏡止水之中，則天下自無可厭之事；意氣和平，常在麗日光風之內，則天下自無可惡之人。」在生活中，如果我們都能夠給別人多一點寬容，多一點理解和尊重，那麼，世界上就會少一些猜疑和怨恨，人與人之間會相處得更好。

6 恢宏大度，送人一輪明月

一位住在山中茅屋修行的禪師，有一天趁夜色到林中散步，在皎潔的月光下，他突然開悟了自性的般若。

他喜悅地走回住處，眼見到自己的茅屋遭小偷光顧，找不到任何財物的小偷要離開的時候，在門口遇見了禪師。原來，禪師怕驚動小偷，一直站在門口等待，他知道小偷一定找不到任何值錢的東西，早就把自己的外衣脫掉拿在手上。

小偷遇見禪師，正感到驚愕的時候，禪師說：「你走老遠的山路來探望我，總不能讓你空手而回呀！夜涼了，你帶著這件衣服走吧！」

說著，就把衣服披在小偷身上，小偷不知所措，低著頭溜走了。

禪師看著小偷的背影穿過明亮的月光，消失在山林之中，不禁感慨地說：「可憐的人呀！但願我能送一輪明月給他。」

禪師目送小偷走了以後，回到茅屋赤身打坐，他看著窗外的明月，進入空境。

第二天，他在陽光溫暖的撫觸下，從極深的禪坐裏睜開眼睛，看到他披在小偷身上的外衣被整齊地疊好，放在門口。

禪師非常高興，喃喃地說：「我終於送了他一輪明月！」

醍醐灌頂

豁達是一種寬容。恢宏大度，胸無芥蒂，肚大能容，吐納百川。豁達的人，心大、心寬，人生的道路也會越走越寬。

7 以菩薩的心腸，來看待周遭的人與事

佛經的教義上有這樣一則故事：

很早以前，一個偏遠山區的村落裏，住著一位小有名氣的雕刻師傅；因爲這師傅的雕刻技巧不錯，所以附近一個村莊的寺廟，就邀請他去雕刻一尊「菩薩的像」。

可是，要到達那村莊，必須越過山頭與森林。偏偏這座山傳說「鬧鬼」，有些想越過山的人，若夜晚仍滯留在山區，就會被一極爲恐怖的女鬼殺死。因此，許多親人、朋友就力勸雕刻師傅，等隔日天亮時再啓程，免得遇到不測。

不過，師傅深怕太晚動身會誤了和別人約定的時辰，便感謝大家的好意而隻身赴約。

他走啊走，天色逐漸暗淡，月亮、星星也都出來了。這師傅突然發現，前面有一個女子坐在路旁，草鞋也磨破了，似乎十分疲倦、狼狽。師傅於是探詢這女子，是否需要幫忙？當師傅得知該女子也是要翻越山頭到鄰村去，就自告奮勇地背她一程。

月夜中，師傅背著她，走得汗流浹背後，停下休息。此時，女子問師傅：「難道你

不怕傳說中的女鬼嗎？爲什麼不自己快點趕路，還要爲了我而耽擱時辰？」

「我是想趕路呀！」師傅回答，「可是如果我把你一個人留在山區，萬一你碰到危險怎麼辦？我背你走，雖然累，但至少有個照應、可以互相幫忙啊！」

在明亮的月色中，師傅看到身旁有塊大木頭，就拿出隨身攜帶的鑿刀工具，看著這女子，一斧一刀地雕刻出「一尊人像」來。

「師傅啊，你在雕什麼啊？」

「我在雕刻菩薩的像啊！」師傅心情愉悅地說，「我覺得你的容貌很慈祥，很像菩薩，所以就按照你的容貌來雕刻一尊菩薩！」

坐在一旁的女子聽到這話，當即哭得淚如雨下，因爲她就是傳說中的「恐怖女鬼」。

多年前，她隻身帶著女兒翻越山頭時，遇上一群強盜，但她無力抵抗，除了被姦污外，女兒也被殺害；悲痛的她，縱身跳下山谷，化爲「厲鬼」，專在夜間取過路人的性命。

可是，這個「滿心仇恨」的女子，萬萬也沒想到，竟會有人說她「容貌很慈祥、很像菩薩」！剎那間，這女子突然化爲一道光芒，消失在月夜山谷裏。

第二天，師傅到達鄰村後，大家都很驚訝他竟能在半夜中活著越過山頭。而從那天後，再也沒有夜行旅人遇見傳說中的「女厲鬼」了。

醍醐灌頂

古人說：「遇事只一味鎮定從容，縱紛若亂絲，終當就緒；待人無半毫矯偽欺隱，雖狡如山鬼，亦自獻誠。」真誠地接納別人，熱情地幫助別人，你的人際關係必能溫暖且祥和；那些本來懷有惡意的人，也不會對你造成傷害。

8 佛珠也能長蘑菇，世間沒有什麼不能諒解

從前有座山，山上有個廟，廟裏有個老和尚和一個小和尚。

小和尚十分聰慧，頗具慧根。老和尚博學多才，把自己所學全部教給了小和尚，想讓他以後繼承自己的衣鉢。

小和尚下山化緣，被外面的花花世界吸引，最終留在了塵世，沒有回廟。

小和尚沒有回來，老和尚以爲他被人拐賣，痛苦萬分。

留在塵世的二十年中，小和尚得到了很多，功成名就。

一天，當他看著窗外的流水、天上的浮雲，他猛然醒悟！終於，他回到廟裏，跪在老和尚面前，請求原諒。

小和尚失蹤後，老和尚走遍了大半個國家，一直沒有放棄尋找。可是今天，小和尚竟然回來了，請自己原諒，老和尚憤怒了！

老和尚看也不看小和尚，一邊採著蘑菇，一邊指著胸前的念珠，說道：「我能原諒你，可佛祖會原諒你嗎？要我原諒你可以，除非這佛珠也能長蘑菇！」說完，拂袖而

去。

佛珠上怎能長蘑菇？知道師父不能原諒自己，失望的小和尚又回到了塵世……

第二天，老和尚睡醒了，一睜眼，就看到胸前的念珠，還有滿滿的木板床上，都長著大大的蘑菇。

老和尚頓然醒悟。這世間有什麼不能諒解呢？最寶貴的，其實是一顆真誠悔改的心呀！

醍醐灌頂

人非聖賢，誰能無過？犯了錯誤，也可以由真心的悔過所彌補。當別人犯了錯誤的時候，我們一定要保持一顆寬容的心，善於原諒別人，這樣，自己的生存空間會越來越寬闊！

9 睚眥必報，不如豁達寬容

孔子的學生閔子騫很小的時候，他的生身母親不幸去世了。父親又給他找了一個繼母。

剛開始，後母對閔子騫還過得去，自從她連生了兩個兒子以後，對閔子騫就越來越不好了。閔子騫常常受到後母的虐待。

繼母對自己的兩個親生兒子可好了，有好吃的，盡偷偷地給自己生的兩個兒子吃。閔子騫不但吃不到好的，還常常吃不飽飯。

閔子騫是個極孝順的孩子，他從不把自己受虐待的事跟父親說。馬馬虎虎的父親，也就不知道自己的大兒子天天在受罪。

一年冬天，後母給自己的兩個親生兒子縫了用棉絮做的棉衣，穿在身上暖暖和和的。給閔子騫穿的卻是用蘆花做的棉衣，閔子騫渾身上下凍得直哆嗦。

一天，子騫的父親坐著他們兄弟三人拉著的車外出去幹活。

數九的天氣，特別冷，西北風呼呼地刮著。閔子騫的蘆花棉衣，哪能擋住寒冷的西北風呢？他凍得臉色灰白，手都被凍僵了，一點也使不上勁。

子騫的兩個弟弟卻因爲拉車趕路，身上穿得又暖和，臉上直冒熱汗，臉色紅撲撲的。

父親一看，弟兄三個同樣幹活，弟弟們熱得直冒汗，子騫卻冷得瑟瑟發抖。父親連連誇獎兩個弟弟幹活賣力氣，並認爲子騫一定是在耍滑偷懶。父親一氣之下，竟用鞭子抽打子騫。

不料，那鞭子抽得狠了，抽破了棉衣，棉衣裏的蘆花飛了出來。父親感到很奇怪，從地上拾起蘆花一看，才明白是怎麼一回事。父親沉痛地責備自己：「啊，原來，子騫在受凍，我幹了些什麼呀！」

子騫連忙安慰父親：「父親別生氣，都是孩兒不好！」

「不，今天不幹了！」父親命令三兄弟，「都回家去！」

回到家中，父親把繼母叫出來，指著閔子騫身上的破蘆花棉衣說：「這是你應該幹的事情嗎？你不仁不賢，讓我的子騫天天在受凍！你怎麼配作孩子們的長輩，我要你這心眼不好的婦人幹什麼呢？」

閔子騫的繼母羞得滿臉通紅，連連說是自己不好，請求丈夫和孩子們的寬恕。

子騫的父親在火頭上，哪裡肯依呀，堅決要把妻子趕回娘家去。

閔子騫一看，心中十分不安，連忙跪在地上哀求父親說：「母親在您身邊，只有我一個人寒冷，如果您趕母親離去，那樣，我們弟兄三人都將變得孤苦伶仃，受苦受凍了！那樣，不是更加糟糕嗎？」

子騫的父親聽了，歎了口氣：「唉——想不到我的子騫的心是這樣善良！」

繼母的兩個兒子也苦苦哀求父親，弄得父親無可奈何，半晌說不出話。

子騫哭拜在父親面前：「父親如果不肯原諒母親，是子騫造成父親嫌棄母親，終歸都是子騫不好，子騫向父親請罪了！」

後母聽了子騫的話，羞慚極了，連連對丈夫說：「今後，我再也不對子騫那樣了！」

子騫的父親這才重重地歎了口氣，原諒了妻子。

從此以後，子騫的後母受了善良的閔子騫的感動，果然變好了，她待閔子騫比待親生兒子還要好。

醍醐灌頂

「為鼠常留飯，憐蛾不點燈。」對待品德不端的小人，對他們抱嚴厲的態度並不困難，困難的是在內心不憎恨他們，以平和的心態對待他們。受到別人不公正待遇的以後，不要耿耿於懷、睚眥必報；豁達一些、寬容一些，你的生活空間才會變得越來越開闊。

10 以德報怨，就能夠促使矛盾的緩解

魏國的大夫宋就，被派到一個小縣去擔任縣令，這個縣正好位於魏國與楚國的交界處，這地方盛產西瓜。雖然同處一地，可是兩國村民種西瓜的方式和態度卻不一樣。魏國這邊的村民，種瓜十分勤快，他們經常擔水澆瓜，所以西瓜長得快，而且又甜又香。楚國這邊的村民，種瓜十分懶惰，又很少給西瓜澆水，所以他們的瓜長得又慢又不好。楚國這邊的縣令看到魏國的西瓜長得那麼好，便責怪自己的村民沒有把瓜種好。而楚國的那些村民卻沒有從自己身上找原因，只是一味怨恨魏國的村民，嫉妒他們爲什麼要把瓜種得那麼大、那麼香甜。於是，楚國這邊的村民就想方設法，去破壞魏國村民的勞動成果。每天晚上，楚國村民輪流著摸到魏國的瓜田，踩他們的瓜，扯他們的藤，這樣，魏國村民種的瓜，每天都有一些枯死掉了。

魏國村民發現這個情況後，十分氣憤，他們也打算夜間派人偷偷過去破壞楚國的瓜田。一位年紀大的村民勸阻住了大家，說：「我們還是把這件事報告給縣令，向他請示該怎麼辦吧？」

大家來到宋就的縣衙。宋就耐心地勸導本國的村民說：「爲什麼要這麼心胸狹窄呢？如果你來我往、沒完沒了地這般鬧下去，只會結怨越來越深，最後把事態鬧大，引起禍患。我看最好的辦法是，你們不計較他們的無理行爲，每天都派人去替他們的西瓜澆水，最好是在夜間悄悄進行，不聲不響地，不要讓他們知道。」

魏國村民依照宋就的話去做了。於是，從這以後，西邊楚國的瓜一天天長好起來。楚國村民發現，自己的瓜田像是每天都有人澆過水，感到很是奇怪，互相一問，誰也不知道是怎麼回事。於是他們開始暗中觀察，終於發現爲他們的西瓜澆水的正是魏國的村民，楚國的村民大受感動。

很快，這件事情被楚國縣令知道了，他既感激、高興，又自愧不如魏國縣令。他把這些情況寫下來報告給了楚王，楚王也同樣很受感動，同時也深感慚愧和不安。

後來，楚王備了重金派人送給魏王，希望與魏國和好，魏王欣然同意了。

從此後，楚、魏兩國開始友好起來。邊境的兩國村民也親如一家。兩邊種的西瓜都同樣又大又甜。

醍醐灌頂

當受到別人的傷害的時候，如果採取「以牙還牙」、針鋒相對的態度，只能激化矛盾；如果採取寬宏大量的策略，以德報怨，就能夠促使矛盾的緩解，使壞事變成好事。

11 希千百事之榮，不如免一事之醜

民國初年，軍閥割據時代，一位高僧受大帥邀請素宴，席間，發現在滿桌精緻的素肴中，有一盤菜裏竟然有一塊「豬肉」，高僧的隨從徒弟故意用筷子把肉翻出來，高僧卻立刻用自己的筷子把肉掩蓋起來，一會兒，徒弟又把豬肉翻出來，打算讓大帥看到，高僧再度把肉遮蓋起來，在徒弟的耳畔輕聲說：「如果你再把肉翻出來，我就把它吃掉！」徒弟聽到後就再也不敢把肉翻出來。

宴席後高僧辭別了大帥。歸寺途中，徒弟不解地問：「師父，剛才那廚子明明知道我們不吃葷的，爲什麼把豬肉放在素菜中，我當時只是要讓大帥知道，處罰他而已。」

高僧說：「每個人都會犯錯，無論是『有心』或『無心』，如果剛才大帥看見了豬肉，盛怒地把廚師槍斃或嚴重懲罰，這都不是我所願見的，所以我寧願把肉吃下去。」

徒弟點著頭，深深地體悟這個道理。

醍醐灌頂

古人說：「邀千百人之歡，不如釋一人之怨；希千百事之榮，不如免一事之醜。」與人為善，處處為他人著想的人，才堪稱領悟了寬容的真正境界。

12 心底無私，胸懷才能寬厚

空也禪師有一次出外弘法時，經過一條山路，突然竄出很多土匪，拿著刀劍向他索取「買路錢」。空也禪師看了以後，不覺掉下眼淚，土匪一看空也禪師落淚，哈哈大笑說道：「這麼一個膽小的出家人。」

空也禪師說道：「你們不要以爲我流淚是怕你們，生死我早就置之度外了。我只是想到你們這些年輕力壯的人，有力氣而不爲社會工作、爲人服務，卻每天在此打家劫舍，我想到你們所犯的罪過，固然爲國家的法律、社會的道德所不容，將來還要墮入地獄去受三塗之苦，因此爲你們著急而流下了眼淚！」

強盜們聽了，先是一個驚得目瞪口呆，隨後都羞愧地逃走了。

醍醐灌頂

只有把自己的利益置之度外，為別人多想，心底無私，眼界才會廣闊，胸懷才能寬厚。即使是一個作惡多端的人，也會對正直和高尚的人表示敬仰。

13 君子事來而心始現，事去而心隨空

一天，坦山和尚與隨侍的沙彌要到某地去說法，路過一條小溪。因下過雨，河水雖不大，卻泥濘不堪，師徒二人正準備渡河時，來了一位穿著入時又年輕貌美的小姐，行色匆匆，似有急事要辦，卻又在岸邊躊躇不前。

此時，坦山和尚趨前向那位小姐說：「姑娘，來吧！我背你過去。」緊跟在後面的沙彌，一直悶聲不響，心裏卻大惑不解：「平時師父教導我們，不能接近女色，爲什麼今天師父自己卻犯清規呢？」

沙彌雖有疑惑，但受平時師父嚴格教導的影響，一時間，不敢在師父面前立即表態，但心中確實悶悶不樂。

事隔多日，沙彌愈想愈憋不住，於是來到師父面前：「師父！我們出家人是不可以親近女色的，爲什麼前些日子，師父在小溪邊，卻自己背起漂亮的姑娘過河呢？」

坦山和尚聽了，很詫異地說：「我背那個姑娘過河，早就把她放下了！沒想到你卻把那位姑娘緊緊背著，到現在都還沒放下來！」

醍醐灌頂

古人說：「宇宙內事要力擔當，又要善擺脫。不擔當，則無經世之事業；不擺脫，則無出世之襟期。」「相由心生，相隨心滅。君子事來而心始現，事去而心隨空。」用這種心態來處世，就是拿得起，放得下。

14 豁達瀟脫，不為灑在地上的牛奶而哭泣

塵緣大師非常喜愛蘭花，在平日頌經健身之餘，他花費了許多的時間栽種和欣賞蘭花。

這年夏天，他要外出雲遊一段時間，臨行前交待小和尚：「徒兒，要好好幫我照顧這幾盆珍貴的蘭花。」

在這段期間，小和尚總是細心的照顧蘭花。但有一天，小和尚在給蘭花澆水時，卻不小心將蘭花架碰倒了，所有的蘭花盆都跌碎了，蘭花散了滿地。

小和尚非常恐慌和難過，打算等塵緣大師回來後，向他道歉。「師父會怎麼懲罰我呢？要知道蘭花可是他最心愛的東西呀！」

塵緣大師回來了，很快知道了事情的經過。他不但沒有責怪小和尚，反而安慰他說：「我種蘭花，一來是希望用來觀賞消遣，美化環境；二是用來陶冶情操，不是為了生氣而種蘭花的。」

醍醐灌頂

寬恕是通向自由和成功的關鍵。對待人生中的得失，不妨採取豁達的態度：「得之我幸；失者我命。如此而已。」不要為灑在地上的牛奶而哭泣，在生活中不妨豁達和灑脫些，這樣，生活中將會減少很多煩惱和麻煩！

15 退一步海闊天空，讓一讓風平浪靜

有一位紳士，有件急事等著他去處理，在去的路上要經過一座獨木橋，到了獨木橋之後，就準備過，剛走幾步便遇到一個孕婦。紳士很禮貌地轉過身回到橋頭，讓孕婦過了橋。孕婦一過橋，紳士又走上了橋。這次都走到橋中央了，又遇到了一位挑柴的樵夫，紳士二話沒說，回到橋頭讓樵夫過了橋。第三次紳士再也不貿然上橋，而是等獨木橋上的人過盡後，才匆匆上了橋。眼看就到橋頭了，迎面趕來一位推獨輪車的農夫。紳士這次不甘心回頭，摘下帽子，向農夫致敬：「親愛的農夫先生，你看我還有兩步就要到橋頭了，能不能讓我先過去。」農夫不幹，把眼一瞪，說：「你沒看我急著去趕集嗎？」話不投機，兩人爭執起來。這時河面上浮來一葉小舟，舟上坐著一個胖和尚。和尚剛到橋下，兩人不約而同請和尚爲他們評理。

和尚雙手合什，看了看農夫，問他：「你眞的很急嗎？」

農夫答道：「我眞的很急，晚了便趕不上集了。」和尚說：「你既然急著去趕集，爲什麼不儘快給紳士讓路呢？你只要退那麼幾步，紳士便過去了，紳士一過，你不就可

以早點過橋了嗎？」

農夫一言不發，和尚便笑著問紳士：「你爲什麼要農夫給你讓路呢，就是因爲你快到橋頭了嗎？」

紳士爭辯道：「在此之前我已給許多人讓了路，如果繼續讓農夫的話，便過不了橋了。」

「那你現在是不是就過去了呢？」和尚反問道，「你既已經給那麼多人讓了路，再讓農夫一次，即使過不了橋，起碼保持了你的風度，何樂而不爲呢？」紳士滿臉漲得通紅。

醍醐灌頂

給人方便，自己方便，退一步海闊天空，讓一讓風平浪靜。在生活中謙讓一些，既能顯出自己的風度，又能減少很多不必要的麻煩。

16 克己忍讓，是雄才大略的表現

中國古代的名將韓信，家喻戶曉，婦孺盡知，其武功蓋世、稱雄一時，他是善用以柔克剛之術的。

韓信還未成名之前，並不恃才傲世，目中無人。相反，倒是謙和柔順，能屈能伸。

有一天，韓信正在街上行走。忽然，面前跑出三四個地痞流氓。只見他們抱著肩膀，叉著雙腿，趾高氣揚地瞇著眼睛斜視韓信。韓信先是一驚，隨即便抱拳拱手道：「各位仁兄，莫非有什麼事嗎？」

其中一個撇了撇嘴，怪笑道：「哈哈，仁兄？倒挺會說話，哈哈，我們哥們是有點事找你，就看你敢不敢做啦！」

韓信依然很平靜地說：「噢？不知是什麼事，蒙各位抬愛竟看得起我韓信？」

那些人都哈哈地大笑起來，剛才說話那人說：「哈哈哈，什麼抬不抬的，我們不是要抬你，而是要揍你，哈哈哈——」

其他人也跟著失聲怪氣地笑著，指著韓信嘲笑他。

韓信看看他們，依舊平心靜氣地問：「各位，不知我哪裡得罪了大家。你我遠日無仇、近日無冤，爲什麼要揍我？我實在不明白。」

那人怪笑三聲，說：「不爲什麼，只是聽說你的膽子很大，今天我們幾個想見識見識，看你到底有多大的膽子，是不是比我們哥們膽子還要大？」

韓信一聽，這不是沒事找事嘛！故意爲難自己，他心中很是氣憤。卻又忍住了怒火，面上賠笑道：「各位各位，想是有人信口誤傳，我韓某人哪裡有什麼膽識，又豈能跟你們相提並論，我沒有膽識，沒有膽識。」

那群人輕蔑地望著韓信，聽他這樣說，依然不肯放他過去。那領頭之人，「噹啷」一聲將寶劍抽出來，往韓信面前一扔，將頭向前一伸，對韓信說：「看你老實，今天我們不動手，你要有膽識，你把劍拿起來，砍我的腦袋，那就算你小子有種。要不然嘛，你就乖乖地從我的胯下鑽過去，哈哈哈——」

韓信望望地上的亮閃閃鋒利的寶劍，又看了看面前叉腿仰頭而立的地痞頭頭，皺了皺眉，圍觀的人早已紛紛議論，都非常氣憤，讓韓信去拿劍宰了這狂妄的小子。

韓信暗暗咬咬牙，卻並未去拿那劍，而是緩緩屈身下去，從那人的胯下爬了過去。眾人無不驚愕，連那群流氓也怔在那裏發呆。韓信則立起身撣盡塵土，頭也不回，揚長而去。

從那以後，那群流氓再也沒找過韓信的麻煩。而韓信後來功成名就，又提拔當年的那個流氓作了小小的官吏，那人自然是感恩戴德，盡心盡力。

韓信可謂是一個聰明、顧大局的人。試想，如果當時韓信火冒三丈，一怒之下拾劍殺了那個人，那麼必然會有一場惡戰，勝負難料不說。縱使是韓信勝了，也免不得要吃官司，平空出橫禍，那對他日後的發展，定會產生很大的障礙或留下深深的隱患。

醍醐灌頂

「小不忍則亂大謀」。忍讓是一種眼光和度量，能克己忍讓的人，是深刻而有力量的，是雄才大略的表現。忍讓不是懦弱可欺，相反，它更需要的是自信和堅韌的品格。在生活中，當別人向你挑釁的時候，你一定要保持冷靜，權衡利弊，千萬不可憑一時的衝動率性而為，要記住：小不忍，則亂大謀。

17 人弱心不弱，人貧道不貧

唐代豐干禪師，住在天臺山國清寺，一天，在松林漫步，山道旁忽然傳來小孩啼哭聲音，他循聲一看，原來是一個稚齡的小孩，衣服雖不整，但相貌奇偉，問了附近村莊人家，沒有人知道這是誰家的孩子，豐干禪師不得已，只好把這男孩帶回國清寺，等待人家來認領。因他是豐干禪師撿回來的，所以大家都叫他「拾得」。

拾得在國清寺安住下來，漸漸長大以後，上座就讓他擔任行堂（添飯）的工作。時間長了，拾得也交了不少道友，尤其與其中一個名叫寒山的貧子，相交最為莫逆。因為寒山貧困，拾得就將齋堂裏吃剩的渣滓用一個竹筒裝起來，給寒山背回去用。

有一天，寒山問拾得說：「如果世間有人無端的誹謗我、欺負我、侮辱我、恥笑我、輕視我、鄙賤我、惡厭我、欺騙我，我要怎麼做才好呢？」

拾得回答道：「你不妨忍著他、謙讓他、任由他、避開他、耐煩他、尊敬他、不要理會他。再過幾年，你且看他如何。」

寒山再問道：「除此之外，還有什麼處事秘訣，可以躲避別人惡意的糾纏呢？」

拾得回答道：「彌勒菩薩偈語說：老拙穿破襖，淡飯腹中飽，補破好遮寒，萬事隨緣了；有人罵老拙，老拙只說好；有人打老拙，老拙自睡倒；有人唾老拙，隨他自乾了；我也省力氣，他也無煩惱。這樣波羅蜜，便是妙中寶。若知這消息，何愁道不了？人弱心不弱，人貧道不貧，一心要修行，常在道中辦。如果能夠體會偈中的精神，那就是無上的處事秘訣。」

醍醐灌頂

佛家講求的是忍著、謙讓、任由、避開、耐煩、尊敬、不要理會，以躲避別人惡意的糾纏。不為世事纏縛、豁達地面對人生、灑脫自在的人，堪稱得到了處世的真諦。

18 欲樂，莫過於善

宋太宗時期，有人上奏說在汴河從事水運工作的官吏中，有人私運官貨到其他地方賣，影響到周圍的一些人，眾人頗有微詞。聽了這話，太宗向左右說：「要將這些吸血鬼完全根除，實在不是容易的事，這就像以東西堵塞鼠洞一樣無濟於事。對此，不可以過於認眞，只須將有些做得過分、影響極壞的首惡分子懲辦了即可。如有些官船偶有挾私行爲，只要他沒有妨礙正常公務，就不必過分追究了。總之，這樣做也是爲了確保官運物質的暢行無阻呀！」

站在一旁的宰相呂蒙正也表示贊同，他說：「水若過清則魚不留，人若過嚴則人心背。一般而言，君子都看不慣小人的所作所爲，如過分追究，恐有亂生。不若寬容之，使之知禁，這樣才能使管理工作順利開展。從前，漢朝的曹參對司法與市場的管理非常愼重，他認爲在處理善惡的執法量刑上應該有彈性，要寬嚴適度。謹愼從事，必然能使惡人無所遁形。這正如聖上所言，就是在小事上不要太苛刻。」

呂蒙正不僅是這樣說的，也是這樣做的。他素以不喜歡與人斤斤計較而出名。他剛任宰相時，有一位官員在簾子後面指著他對別人說：「這個無名小子也配當宰相嗎？」呂蒙正假裝沒聽見，大步走了過去。其他參政爲他忿忿不平，準備去查問是什麼人敢如此膽大包天，呂蒙正知道後，急忙阻止了他們。

散朝後，那些參政還感到不滿，後悔剛才沒有找出那個人。呂蒙正對他們說：「如果知道了他的姓名，那麼就一輩子也忘不掉。這樣的話，耿耿於懷，多麼不好啊！所以千萬不要去查問此人姓甚名誰。其實，不知道他是誰，對我並沒有什麼損失呀。」當時的人都佩服他氣量大。

醍醐灌頂

做人做事還是寬容些好。我國有句古訓：「欲樂，莫過於善。」這裏的善就包含了寬容和豁達的意思。寬容和豁達是聯繫社會的金鏈，只有寬容，才能讓所有的人和諧共處。

19 値利害得失之會，不可太分明

在一次宴會上，楚莊王命令他所寵愛的美人給群臣和武士們敬酒。傍晚時分，一陣狂風把燈燭吹滅了，大廳裏一片漆黑。黑暗中不知是誰用手拽住了美人的衣袖，美人急中生智，把那人繫帽子的帶子扯斷，然後來到楚莊王的身邊，向他哭訴了被人調戲的經過，並說那個人的帽帶已被扯斷，只要點上燈燭就可以查出此人是誰。

楚莊王聽後不以爲然，他安慰了美人幾句，便向大家高聲說：「今天喝酒一定要盡興，誰的冠纓不斷，就是沒喝足酒。」群臣眾將爲討好楚莊王，紛紛扯斷冠纓，喝得爛醉如泥。等點燈時，大家的冠纓都斷了，就是美人自己想查出調戲她的那個人，也無從下手了。

三年後，楚國與晉國開戰。楚軍中有一位勇士一馬當先，總是衝在前頭。

楚莊王很奇怪，問他爲什麼如此拼命。勇士回答說：「末將該死。三年前我在宴會上酒醉失禮，大王不但不治我的罪，還爲我掩蓋過失，我只有奮勇殺敵，才能報答大王。」

醍醐灌頂

古人說：「當是非邪正之交，不可少遷就，少遷就則失從違之正；值利害得失之會，不可太分明，太分明則起趨避之私。」在某些小事上採取「糊塗」的態度，其實是一種富有遠見的「精明」。

20 避免無益的爭論，豁達地面對得失

濟公活佛到處雲遊。有一天看到兩個獵人在指手畫腳，好像為了一件事而爭論得面紅耳赤，唾沫橫飛。

濟公便詢問他們在爭論什麼，原來為了一道算術題。矮個子說三八等於二十四，高個子堅持說三八等於二十三，各持己見、爭論不休，以至於幾乎動起手來。

最後，二人打賭請一個聖賢做裁定，如果誰的答案正確，對方就將一天的獵物給勝者。

這時，濟公來到他們的跟前。二人請濟公活佛裁定。

濟公竟然叫認為三八等於二十四的矮個子，將獵物交給說三八等於二十三的高個子獵人。高個子拿著獵物走了。這種裁判，矮個子當然不能答應。

他氣憤地說：「三八二十四，這是連小孩子都不爭論的眞理，你是活佛，卻認為三八等於二十三，看樣子也是徒有虛名啊！」

濟公笑道：「你說的沒錯，三八等於二十四是小孩子都懂的眞理，你堅持眞理就行

了，幹嘛還要與一個根本就不值得認真對待的人，討論這種不用討論也再明顯不過的問題呢？」

矮個子獵人似有所醒，濟公拍拍他的肩膀，說道：「那個人雖然得到了你的獵物，但他卻得到了一生的糊塗；你是失去了獵物，但得到了深刻的教訓！」

矮個子獵人聽了濟公的話，點了點頭。

醍醐灌頂

古人說：「士君子須是內精明而外渾厚」，「大聰明的人，小事必朦朧；大懵懂的人，小事必伺察。」要做到糊塗確實不易，這不僅需要有一定的修養，還需要有一定的雅量。

21 不是他們多管閒事，是你自己多管閒事

有一個小和尚非常苦惱，因爲師兄師弟們老是說他的閒話。

無所不在的閒話，讓他無所適從。

念經的時候，他的心卻不在經上，而是在那些閒話上。

他跑去向師父告狀：「師父，他們老說我的閒話。」

師父雙目微閉，輕輕說了一句：「是你自己老說閒話。」

「他們瞎操閒心。」小和尚不服。

「不是他們瞎操閒心，是你自己瞎操閒心。」

「他們多管閒事。」

「不是他們多管閒事，是你自己多管閒事。」

「師父爲什麼這麼說？我管的都是自己的事啊。」

「操閒心、說閒話、管閒事，那是他們的事，就讓他們說去，與你何干？你不好好念經，老想著他們操閒心，不是你在操閒心嗎？老說他們說閒話，不是你在說閒話嗎？

老管他們說閒話的事，不也是你在管閒事嗎？……」

話未說完，小和尚茅塞頓開。

醍醐灌頂

愛說閒言碎語是某些庸人的陋習。如果對這些閒話採取豁達和漠視的態度，你的生活才會更加輕鬆自如。

22 堵塞得越厲害，沖決堤岸時的力量就越大

鄭國首都有一所鄉校，人們喜歡到那裏聚會和遊玩，每天熱熱鬧鬧的。

一天，有位叫然明的朝廷大夫走過這裏，看見有幾個人圍在一起爭論得面紅耳赤，留神一聽，原來他們正在議論朝政的得失，抨擊官員的優劣，因爲出現了不同意見，所以聲音越說越大，圍觀的人也越來越多。

然明虎著臉轉身就走，找到了當時擔任執政卿的子產，忿忿不平地說：「老百姓到鄉校去，並不是爲了學點有益的東西，倒是興致勃勃地說長道短，雖然也有人對朝廷說一些好話，可是抨擊政事、指責國君、批評大臣的爲數不少，如果流傳開去，對國家有什麼好處呢？乾脆把鄉校拆了，看老百姓還到哪裡去嚼舌根？」

子產擺擺手說：「既然老百姓喜歡到鄉校去，爲什麼要把鄉校拆掉呢？」

然明連忙說：「你自己去聽聽吧，老百姓的這些話，對朝廷不利，對你我也絕對沒有好處呀！」

「我們先不談鄉校的事，」子產依然平靜地說，「我有一事請教你，當河水暴漲，

即將崩堤時，是因勢利導放掉一些水，還是加高堤岸把水堵起來呢？」

「應該放掉一些水好。」然明想了想說。

「還有，當一個人有了難言之病，是痛痛快快告訴醫生讓他醫治呢，還是遮遮掩掩不讓醫生知道呢？」子產又問道。

「當然應該把病情告訴醫生。」然明這次回答得很乾脆。

「這就對了，」子產朗聲大笑起來，「朝廷在治理國家大事的過程中，官員在處理大大小小的政務時，都免不了要出些差錯，或者幹出不利於老百姓的事來，老百姓對朝廷、對官員有意見，說出來了，我們可以及時予以糾正。現在首都的那所鄉校，正是老百姓說話的地方。如果我們拆了它，老百姓自然也就不再聚集起來批評政事了，把他們的不滿情緒憋在肚子裏去。那樣，就像暴漲的河水一樣，堵塞得越厲害，沖決堤岸時的力量就越大，造成的危害也就更加嚴重。這和向醫生隱瞞病情造成貽誤也是一樣的道理。」

然明聽到這裏，心服口服，贊同地說：「你說得對，這鄉校不去拆了，留在那裏，對國君有利，對朝廷有利，對你我都有利。」

醍醐灌頂

「良藥苦口利於病，忠言逆耳利於行。」在生活中，不要怕聽反對意見；對待別人的意見，要抱持「有則改之、無則加勉」的態度。

23 是非不必爭人我，彼此何須論短長

白隱禪師本以生活純潔的聖者聞名，不料有一日卻被指爲使附近的一個女孩受孕，女孩的父母怒不可遏的去找白隱理論，因爲這個美麗的女兒在父母逼問下，指稱孩子的父親是白隱。

白隱默默地聽著那對憤怒的父母的交相指責，最後只說了一句話：「就是這樣嗎？」

孩子生下來之後，當然交給「父親」白隱，此時大師的名譽掃地，惡名遠播，但他並不介意，只是非常細心地照顧孩子，嬰兒所需的奶水及一切用品，都由他向鄰居乞求而來。

事隔一年之後，孩子的這個未婚媽媽終於忍不住良心的苛責：向父母吐露了實情，孩子的親生父親其實是在魚市工作的一名青年。

她的父母立即將她帶到白隱那兒，向禪師道歉，請他原諒，並且將孩子領回。白隱並不說話，只在交回孩子的時候輕聲說道：「就是這樣嗎？」

面對巨大的委屈、眾人誤解的不公的待遇，白隱禪師卻能吃下這天大的虧，只一句「就是這樣嗎？」輕輕打發了。

不過，從另一個角度看，白隱禪師吃虧卻是件好事情，不僅事後給他帶來了更高的聲望，而且這件事情還屢見於史書。雖然白隱肯吃虧的目的肯定不是沽名釣譽，但能證明中國的那句老話：吃虧是福！

醍醐灌頂

「是非不必爭人我，彼此何須論短長？」心胸豁達，就能夠包容世間一切境遇。私欲少則煩惱少。不為自己的名利打主意，不斤斤計較自己的得失，不爭辯彼此的是非，煩惱何來？

24 饒恕可容之事，包涵可容之人

禪院裏的小和尚，最近老是不守寺院的清規，趁著晚上偷偷溜出去玩耍。老和尚聽周圍的居民反映了好幾次，終於也起了疑心，決定去查探個究竟。

又是一個月光如霜的晚上。老和尚悄悄蹲在花叢裏，一邊聽蟲兒蛙兒低聲嘶叫，一邊留神注意觀察禪院的那堵矮牆。

過了一會兒，一個賊頭賊腦的小和尚搬著小椅子，悄沒聲地溜到牆角那兒。他看看四下沒人，就把椅子放在牆邊上，自己踏著椅子翻牆出去玩耍了。

老和尚從花叢那兒站起來，歎了口氣，心想我該怎麼處罰這個小傢伙呢？

終於他想出了一個好辦法。他逕直走到椅子那兒，坐到椅子上，等小和尚回來……

半個時辰過去了，小和尚也玩累了，就順著老路翻進牆來，踩著柔弱的椅子——奇怪，椅子今天怎麼這麼軟？小和尚仔細一看，嚇了一跳——原來踩的不是椅子，而是老和尚的脊背。小和尚嚇得全身發抖，不知道師父會怎麼懲罰他。

「天氣涼了，快點回去睡覺吧。」老和尚揉著脊樑骨說：「年紀大了，不中用了啊。」

小和尚的臉馬上紅到耳根子了，又羞又愧地跑回房間。

這件事很快在禪院裏面悄悄傳開了，大家都佩服老和尚的寬容海量，再也沒人晚上翻牆出去玩耍了。

「大肚能容，容天容地，於己何所不容；開口便笑，笑古笑今，凡事付之一笑」，這就是彌勒佛寬廣的胸懷！寬容和笑臉與彌勒佛是相關聯的。有了寬容的胸懷，才有容天容地、容江海的崇高和博大，才有來自心底的快樂。

醍醐灌頂

古人說：「壁立千仞，無欲則剛；海納百川，有容乃大。」寬容是一種修養，是一種境界，是一種美德。寬容是原諒可容之言、饒恕可容之事、包涵可容之人。

修養篇

不妄求則心安

人品之不高，總為一利字看不破；學業之不進，總為一懶字丟不開。

——（清）釋智禪師

古人說：「德者事業之基，未有基不固而棟宇堅久者；心者修齋之根，未有根不植而枝葉榮茂者。」「行所當行，不為己甚；慎之又慎，未敢即安。」這就是告訴我們，要注重品格修養，抱持老實的做人態度。

1 尋求珠寶，不如追求人們自身的美德

有一天，西域來了一個經商的人。他將珠寶拿到集市上出售。這些珠寶琳琅滿目，全都價值不菲。特別是其中有一顆名叫「珊」的寶珠，更是引人注目。它的顏色純正赤紅，就像是朱紅色的櫻桃一般，直徑有一寸，價值高達數十萬元以上，引來了許多人圍觀，大家都嘖嘖稱奇，讚歎道：「這可眞是寶貝啊！」

恰好憨然大師這天也來逛集市，見了好多人圍著什麼議論紛紛，便也帶著弟子擠進了人群。憨然大師仔仔細細地瞧了瞧寶珠，開口問道：「珊可以拿來塡飽肚子嗎？」

商人回答說：「不行。」

憨然大師又問：「那它可以治病嗎？」

商人又回答說：「不行。」

憨然大師接著問：「那能夠驅除災禍嗎？」

商人還是回答：「不能。」

「那能使人孝悌嗎？」

回答仍是：「不能。」

憨然大師說道：「眞奇怪，這顆珠子什麼用都沒有，價錢卻超過了數十萬，這是爲什麼呢？」

商人告訴他：「這是因爲它產在很遠很遠沒有人煙的地方，要動用大量的人力物力，歷經不少艱險，吃不少苦頭，好不容易才能得到它，它是非常稀罕的寶貝啊！」

憨然大師聽了，只是笑了一笑，什麼也沒說便離開了。

憨然大師的一位弟子對師父的問話很不解，不禁向他請教。憨然大師便教導他說：「古人曾經說過，黃金雖然是重寶，但是人生吞了它就會死；就是它的粉末掉進人的眼睛裏也會致瞎。我已經很久不去追求這些寶貝了，但是我身上也有貴重的寶貝，它的價值絕不只值數十萬，而且水不能淹沒它，火也燒毀不了它，風吹日曬全都絲毫無法損壞它。用它可以使天下安定，可以使我自身舒適安然。人們對這樣的至寶不知道朝夕去追求，卻把尋求珠寶當作唯一要緊的事，這豈不是捨近求遠嗎？看來人心已死了很久了！」

憨然大師所說的「至寶」，就是指人們自身的美德。

醍醐灌頂

古人說：「不患位之不尊，而患德之不崇」，「惟賢惟德，能服於人」。只有高尚的道德品質、完美的精神生活，才是真正值得人們去追求的無價之寶。

2 要想除掉曠野裏的雜草，就在上面種上莊稼

憨然大師帶著一群弟子去雲遊各地，十年間，他們遊歷了很多州縣，拜訪了數不清的有學問的人，現在他們回來了，個個都自覺滿腹經綸。

在回寺廟之前，憨然大師在郊外的一片草地上坐了下來，說：「十年遊歷，你們都已是飽學之士，現在這次雲遊、悟道就要結束了，我們上最後的一課吧！」

弟子們圍著憨然大師坐了下來。

憨然大師問：「現在我們坐在什麼地方？」

弟子們答：「現在我們坐在曠野裏。」

憨然大師又問：「曠野裏長著什麼？」

弟子們說：「雜草。」

憨然大師說：「對，曠野裏長滿雜草。現在我想知道的是如何除掉這些雜草。」

弟子們非常驚愕，他們都沒有想到，一直在探討深奧禪理的師父，最後一課問的竟是這麼簡單的一個問題。

一個弟子首先開口，說：「師父，只要有鏟子就夠了。」憨然大師點點頭。

另一個弟子接著說：「用火燒也是很好的一種辦法。」憨然大師微笑了一下，示意下一位。

第三個弟子說：「撒上石灰，就會除掉所有的雜草。」

接著講的是第四個弟子，他說：「斬草除根，只要把根挖出來就行了。」

等弟子們都講完了，憨然大師站了起來，說，「這次課就上到這裏了，你們回去後，按照各自的方法去除掉雜草。半年後，再來相聚。」

半年後，他們都來了，不過原來相聚的地方已不再是雜草叢生，它變成了一片長滿穀子的莊稼地。弟子們圍著谷地坐下，等待憨然大師長篇大論的指導。

可是，憨然大師只說了一句話：「要想除掉曠野裏的雜草，方法只有一種，那就是在上面種上莊稼。」

醍醐灌頂

古人說：「人品之不高，總為一利字看不破；學業之不進，總為一懶字丟不開。」要想除掉曠野裏的雜草，方法只有一種，那就是在上面種上莊稼。同樣的道理，要想讓靈魂保持純潔高貴，就要用美德去佔據它。

3 只有品德好的人，才會知恩圖報

陽虎的學生在天下爲官的，比比皆是。可是有一次陽虎在衛國卻遭到官府通緝，他四處逃避，最後逃到北方的晉國，投奔到趙簡子門下。

見陽虎喪魂落魄的樣子，趙簡子問他說：「你怎麼變成這樣子呢？」

陽虎傷心地說：「從今以後，我發誓再也不培養人了。」

趙簡子問：「這是爲什麼呢？」

陽虎懊喪地說：「許多年來，我辛辛苦苦地培養了那麼多人才，甚至在當朝大臣中，經我培養的人已超過半數；在地方官吏中，經我培養的人也超過半數；那些鎮守邊關的將士中，經我培養的同樣超過半數。可是沒想到，就是由我親手培養出來的人，他們在朝廷做大臣的，離間我和君王的關係；做地方官吏的，無中生有地在百姓中敗壞我的名聲；更有甚者，那些領兵守境的，竟親自帶兵來追捕我。想起來眞讓人寒心哪！」

趙簡子聽了，深有感觸。他對陽虎說：「只有品德好的人，才會知恩圖報；那些品質差的人，他們是不會這麼做的。你當初在培養他們的時候，沒有注意挑選品德好的加以培養，才落得今天這個結果。比方說，如果栽培的是桃李，那麼，除了夏天你可以在它的樹陰下乘涼休息外，秋天還可以收穫那鮮美的果實；如果你種下的是蒺藜呢，不僅夏天乘不了涼，到秋天你也只能收到扎手的刺。在我看來，你所栽種的，都是些蒺藜呀！所以你應記住這個教訓，在培養人才之前就要對他們進行選擇，否則等到培養完了再去選擇，就已經晚了。」

陽虎聽了趙簡子一番話，點頭稱是。

醍醐灌頂

人的品德比才能更重要，在生活中，一定要重視對自己品德的培養。同時，在選擇交往和處世對象的時候，一定不可忽視了對方的品德。

4 有機會報仇卻放棄，才是最高尚的事情

從前有一個富翁，他有三個兒子，在他年事已高的時候，富翁決定把自己的財產，全部留給三個兒子中的一個。可是，到底要把財產留給哪一個兒子呢？

富翁請憨然大師幫忙拿主意。於是，憨然大師想出了一個辦法：他要富翁的三個兒子都花一年時間去遊歷世界，回來之後看誰做到了最高尚的事情，誰就是財產的繼承者。

一年時間很快就過去了，三個兒子陸續回到家中，憨然大師要三個人都講一講自己的經歷。

大兒子得意地說：「我在遊歷世界的時候，遇到了一個陌生人，他十分信任我，把一袋金幣交給我保管，可是那個人卻意外去世了，我就把那袋金幣原封不動地交還給了他的家人。」

二兒子自信地說：「當我旅行到一個貧窮落後的村落時，看到一個可憐的小乞丐不幸掉到湖裏了，我立即跳下馬，從河裏把他救了起來，並留給他一筆錢。」

三兒子猶豫地說：「我，我沒有遇到兩個哥哥碰到的那種事，在我旅行的時候遇到了一個人，他很想得到我的錢袋，一路上千方百計地害我，我差點死在他手上。可是有一天我經過懸崖邊，看到那個人正在懸崖邊的一棵樹下睡覺，當時我只要抬一抬腳，就可以輕鬆地把他踢到懸崖下，我想了想，覺得不能這麼做，正打算走，又擔心他一翻身掉下懸崖，就叫醒了他，然後繼續趕路了。這實在算不了什麼有意義的經歷。」

富翁請憨然大師進行點評。

憨然大師點了點頭，說道：「誠實、見義勇為都是一個人應有的品質，稱不上是高尚。有機會報仇卻放棄，反而幫助自己的仇人脫離危險的寬容之心才是最高尚的。我建議您把財產交給老三。」

醍醐灌頂

古人說：「非關因果方為善；不計科名始讀書。」恩將仇報的人和事是屢見不鮮的；有機會報仇卻放棄，反而幫助自己的仇人脫離危險的人和事並不多見。但只有這麼寬容和豁達的人，才堪稱品德高尚，才能享受人生的最高境界。

5 自己的心裏有主，不占非己之物

南宋末年，天下大亂。當時，宋、金、蒙古三國各占一方，混戰不休。老百姓為了逃避戰火，紛紛離開故土，扶老攜幼，四處逃難。

有一天，在金朝統治下的河陽縣地界裏，大道上走著一位十七八歲的小和尚。小和尚一邊走，一邊望著路邊荒蕪的田野、破敗無人的村莊，胸中湧出無限感慨，他想：「如果戰爭再不停息，天下的百姓真是活不下去了。但願菩薩能保佑一位英明的君主，統一天下，讓老百姓重新安居樂業。」這樣想著，他更加快了腳步，恨不能一步趕到目的地，以避免目睹這種悲慘的景象。

這時正是三伏天，炎炎烈日炙烤著大地，空中一絲風也沒有。小和尚走得汗流浹背、口乾舌燥，真想找個地方乘乘涼，喝上一肚子甘甜的泉水。

可這裏剛剛經過戰火，四周的人家跑得一乾二淨，哪裡去找水喝呢？走著走著，他看到前面路邊的大樹下，有幾個人正在那裏乘涼。他急忙趕過去，希望能討口水喝。走到近前，發現這幾位是趕路的小商販。一問，才知道他們身邊帶的水也喝光了，因為無處找水喝，正在那裏唉聲歎氣。

小和尚只好在他們身邊坐下，準備歇口氣再走。

小和尚邊休息，邊聽著旁邊的人閒聊。

這時，遠處跑來一個人，懷裏捧著什麼東西，邊跑邊大聲喊著。商販們都站起身來張望，原來那人是一起趕路的商販，剛才獨自出去找水。等他跑近，大家才發現他懷裏捧著的，竟然是幾個黃燦燦的、水靈靈的大梨！

商販們都歡呼起來，一齊跑過去搶梨吃。小和尚也走上去問道：「這梨是從哪裡買到的？」

「買？」那個商販哈哈大笑起來。「這地方的人都跑到山上避兵災去了，連個人影都沒有，哪裡去買？」

「是呀，那你是從哪兒弄來這好東西的？」商販們邊吃邊好奇地問。

「我到那邊村子裏轉了轉，想找個人家，把水葫蘆灌滿。可是，別說是人，連個老鼠都找不著！水井也都被當兵的用土給填上了。我正在喪氣，忽然看見一家院子的牆頭上露出一枝梨樹枝，上面結著幾顆饞人的大梨。這下子，我樂得差點暈過去，可是跑過去一看，這家的院門都用石塊給堵上了，牆頭也挺高。我顧不上這許多，費了好大勁，才翻進院子裏，摘了這些梨。那樹上的梨還多得很，我們一起去多摘些，帶著路上吃好不好？」

商販們齊聲說好，各自收拾東西，準備去摘梨。小和尚插嘴問道：「你說村裏的井都被填上了嗎？」

「可不是嗎！當兵的看老百姓都跑光了，一氣之下，走的時候，就把井都填了，你甭想找到水喝。」

小和尚歎了口氣，默默地轉身走開了。商販們奇怪地問道：「小師父，你不和我們一起去摘梨嗎？」

小和尚說：「梨樹的主人不在，怎麼能隨便去摘呢？」

商販們又笑起來，說：「你眞是呆和尚！這兵荒馬亂的日子，哪裡還有什麼主人呢，再說，那樹的主人說不定已經被打死了呢。」

小和尚認眞地答道：「梨樹雖然無主，難道我們自己的心裏也無主嗎？不是自己的東西，我是絕不會去拿的。」

說完，小和尚背起行囊，向商販們拱手道了聲別，就轉身上了大路。

醍醐灌頂

古人說：「小處不滲漏，暗處不欺隱，末路不怠荒，才是真正英雄。」品德是對自己的要求，不是做給別人看的。在沒有人看見的時候遵守規則，保持良好的道德，是一個人獲得成功的重要條件。

6 不妄求則心安，不妄作則身安

屈原是我國春秋時代的偉大愛國詩人，也是一位傑出的政治家和思想家。他在任楚國左徒期間，主張舉賢薦能，並經常四出察訪，選拔德才兼備的人才。

有一次，屈原回到故鄉歸州選賢，發現在選來的五百人中，有九十九人文卷成績相同，都應列爲頭名，只有一人稍差，名列第二。這樣一來，僅頭名和二名加起來就有一百人。屈原覺得很奇怪：是歸州人才濟濟，還是有人作弊？

屈原一邊重新查閱文卷，一邊苦苦思索。忽然，他想起來，前天晚上，他正伏案擬定文題，有一群學生前來拜訪過他，一定是他們中間有人偷看了文題！

屈原十分惱怒，立刻命人撰寫金榜，懸於歸州府大門上。榜後注明：凡榜上題名者，明日再到歸州府復試。

復試開始了，只聽屈原宣佈：「現在是穀雨季節，你們每人帶一點穀種回去，秋後以收穀爲卷。」隨後，命隨從分給每人穀種一百粒。大家都覺得很驚奇。而這九十九個頭名卻心中暗喜：總算躲過了當堂筆試這一關。於是，便都帶著穀種樂顛顛地走出州府。

交卷日期終於到了。這九十九個頭名都讓家人背筐挑擔，滿載著黃澄澄的金穀，談笑風生地來到歸州府。唯獨第二名的青年農夫，悶悶不樂地捧著一隻小土缽，最後走進府門。他不言不語，神色似乎有些不安。

屈原開始檢驗每個人的成績。他看到這越堆越多的穀子，眉頭越鎖越緊，臉色十分難看。九十九個頭名檢驗完了，當看到農夫小土缽裏的穀粒時，屈原的眉頭猛然一挑，興致勃勃地問：「你一共收了多少粒？」

「九百——九十——九粒。」農夫結結巴巴地回答。

屈原說：「好吧，你現在把這九百九十九粒穀子的來歷當著眾人講一講。」

農夫說：「大夫，您發給我的一百粒穀種，有九十七粒已失去了生機，只有三粒能作種。我把這三粒穀種種到地裏，日夜辛勤照料，最後只結了九百九十九粒。」

九十九個頭名聽農夫如此一說，哄地一聲大笑起來。但出乎眾人意料，屈原卻激動地捧起土缽對農夫說：「誠實的年輕人啊，你的品質就像這三粒穀種那樣誠實！」接著，屈原當眾宣佈：「這個青年農夫是此次當選的唯一賢才！」

屈原的話像晴天霹靂，把九十九個頭名震懵了。原來，屈原把分給他們的穀種蒸煮了一遍。在發給每人的一百粒種子中，只摻進三顆能發芽的穀種。

就這樣，屈原巧妙地檢驗了每個人的品質，終於選出一位品學兼優的人才。

醍醐灌頂

古人說：「不妄求則心安，不妄作則身安。」一個缺乏誠實正直心靈的人，是不值得人尊敬的，在生活中也不會有遠大的發展前途。品格是最寶貴的財富，誠實是最明智的選擇。

7 人生在世修行，貴在正當二字

高僧慧能為了考驗寺裏眾多僧侶的慧根，便在飛來峰的峰頂，修建了莊嚴肅穆的達摩法像，並傳話出來，寺內徒眾誰能正大光明地觸摸到祖師的慧眼，誰就能繼承衣缽。

僧侶一聽，便在私下裏紛紛議論，主持長老之所以要修建達摩金身，是要為將來的事情做準備，誰能觸摸到祖師的慧眼，誰就是寺內住持的接班人。還傳說，通往峰頂的山路崎嶇難行；更有甚者，風言前輩不少高僧圓寂在登頂路上，可見路之艱險。

寺內有的僧人早已探索到了登頂的捷徑，按照這條捷徑登頂，路程可以縮小一半，到達峰頂的時間會大大提前。有的僧人成群結隊，從後山平坦的大道上緩緩而進，路程雖長，但平緩，沒有障礙。

只有名叫心禪的僧人，決定從正面的路攀登而上。飛來峰的正面山勢陡峭，山路蜿蜒曲折，荊棘滿途。心禪一步一步艱難攀行，披荊斬棘，流了不少血汗。

到了峰頂，心禪發現寺內的眾師兄弟，早已站在達摩金身的佛像前，注視著心禪的姍姍來遲。

心禪也不羞愧，緩步登上佛像觸摸慧眼。

這時，高僧慧能出來宣佈，心禪具有慧根可繼承他的衣缽，並決定將未來的住持之位傳與他。眾僧一聽十分驚詫，有的僧眾抱怨說：「心禪來得最晚，方法最死，毫無靈性可言，住持之位怎可讓他來做？」

慧能說：「人生在世修行，貴在正當二字。言正當言，思正當思，行正當行。眾人皆走捷徑，惟有心禪從正面一步一步攀登；眾人皆走大道，惟有心禪從荊棘中血汗前來。他走的是佛的路，你們卻不是。我怎麼可以將我的寺院，交給你們這些不正當的人？」

眾人啞口無言。

醍醐灌頂

做任何事情都要腳踏實地，一步一個腳印。不要急功近利，也不要投機取巧，更不要不擇手段，以致誤入歧途。

8 無益之念勿起，無益之事勿爲

唐朝元和年間，東都留守名叫呂元應。他酷愛下棋，養有一批下棋的食客。呂留守常與食客下棋。誰如贏了他一盤，出入可配備車馬；如贏兩盤，可攜兒帶女來門下投宿就食。

有一日，呂留守在院亭的石桌旁與食客下棋。正在激戰猶酣之際，衛士送來一疊公文，要呂留守立即處理。呂元應便拿起筆準備批覆。下棋的門客見他低頭批文之狀，認爲不會注意棋局，迅速地偷換了一子。那知，門客的這個小動作，呂元應看得一清二楚。他批覆完文件後，不動聲色地繼續及門客下棋；門客最後勝了這盤棋。食客回到住房後，心裏一陣歡喜，企望著呂留守提高自己的待遇。

第二天，呂元應攜來許多禮品，請這位食客另投門第。其他食客不明其中緣由，很是詫異。

十幾年之後，呂留守處於彌留之際，他把兒子、侄子叫到身邊，談起這回下棋的事，說：「他偷換了一個棋子，我倒不介意，但由此可見他心跡卑下，不可深交。你們一定要記住這些，交朋友要慎重。」他積多年人生經驗，深覺棋品與人品密不可分。

醍醐灌頂

古人說：「無益之念勿起，無益之事勿為。」「一念過差，足喪生平之善；終身檢飭，難蓋一事之愆。」不管是工作中還是娛樂中，你的一言一行都是別人衡量你的人品的尺碼，所以，要謹小慎微地恪守正直之道，不要做投機取巧的事情。

9 加強修養，以彌補品德上的「破綻」

有一師父，凡遇徒弟第一天進門，必要安排徒弟做一例行功課——掃地。過了些時辰，徒弟來稟報，地掃好了。

師父問：「掃乾淨了？」

徒弟回答：「掃乾淨了。」

師父不放心，再問：「眞的掃乾淨了？」

徒弟想想，肯定地回答：「眞的掃乾淨了。」

這時，師父會沉下臉，說：「好了，你可以回家了。」

徒弟很奇怪，怎麼剛來就讓回家？不收我了？是的，是眞不收了。

師父擺擺手，徒弟只好走人，不明白這師父怎麼也不去查驗查驗就不要自己了？

原來，這位師父事先在屋子犄角旮旯處悄悄丟下了幾枚銅板，看徒弟能不能在掃地時發現。大凡那些心浮氣躁，或偷奸耍滑的後生，都只會做表面文章，才不會認認眞眞地去掃那些犄角旮旯處的。因此，也不會撿到銅板交給師父的。師父正是這樣「看破」

了徒弟，或者說，看出了徒弟的「破綻」——如果他藏匿了銅板不交師父，那破綻就更大了。不過，師父說，他還沒遇到過這樣的徒弟。貪婪的人是不會認眞地去做別人交付的事情的。

醍醐灌頂

衣服上的破綻，需要縫補；一個人品德上的「破綻」，需要通過加強修養來克服。在為人處世中，只有時時處處嚴格要求自己，才能使自己的道德品質完善，才能成為一個容易被別人接受的人。

10 自欺欺人，終將出盡洋相

從前魏地有個人，素以博學多識而著稱。很多奇物古玩，據說只要他看一眼，就能知道是什麼朝代的什麼器具，並且解說得頭頭是道，大家都很佩服他，他自己也常常引以為自豪。

一天，他去河邊散步，不小心踢到一件硬東西，把腳也碰痛了。他恨恨地一邊揉腳一邊四下張望，原來是一件銅器。他頓時忘了腳疼，拾起來細細察看。這件銅器的形狀像一個酒杯，兩邊還各有一個孔，上面刻的花紋光彩奪目，儼然是一件珍稀的古董。

魏人得了這樣的寶貝非常高興，決定大宴賓客慶賀一番。他擺下酒席，請來了眾多親朋好友，對大家說：「我最近得到一個夏商時期的器物，現在拿出來讓大夥兒賞玩賞玩。」於是他小心地將那銅器取出，斟滿了酒，敬獻給各位賓客。大家看了又看，摸了又摸，都裝出懂行的樣子交口稱讚不已，恭喜主人得了一件寶物。可是賓主歡飲還不到一輪，意想不到的事情發生了。

有個從仇山來的人，一見到魏人用來盛酒的銅器，就驚愕地問：「你從什麼地方得到的這東西？這是一個銅護襠，是角抵的人用來保護生殖器的。」這一來，舉座譁然，魏人羞愧萬分，立刻把銅器扔了，不敢再看一眼。

無獨有偶。楚邱地方有個文人，其博學多識的名聲並不亞於魏人。一天，他得了一個形狀像馬的古物，造得十分精緻，頸毛與尾巴俱全，只是背部有個洞。楚邱文人怎麼也想不出它究竟是幹什麼用的，就到處打聽，可是問遍了街坊遠近許多人，都沒一個人認識這是什麼東西。只有一個號稱見多識廣、學識淵博的人，聽到消息後找上門來，研究了一番，然後慢條斯理地說：「古代有犀牛形狀的酒杯，也有大象形狀的酒杯，這個東西大概是馬形酒杯吧？」楚邱文人一聽大喜，把它裝進匣子收藏起來，每當設宴款待貴客時，就拿出來盛酒。

有一次，仇山人偶然經過這個楚邱文人家，看到他用這個東西盛酒，便驚愕地說：「你從什麼地方得到的這個東西？這是尿壺呀，也就是那些貴婦人所說的『獸子』，怎麼可以用來作酒杯呢？」楚邱文人聽了這話，臉噌地一下紅到了耳朵根，羞慚得恨不得立刻在地上挖個洞鑽進去，趕緊把那古物扔得遠遠的，像魏人一樣不敢再看。世上的人為此全都嘲笑他。

明明不學無術，卻偏要裝作博學多識的人，最終只能自欺欺人、出盡洋相。

醍醐灌頂

「自欺欺人，不懂裝懂」是為人處世的大忌之一。那些企圖依靠吹噓或欺騙手段爭得名利的人，常常會出盡洋相、得不償失。

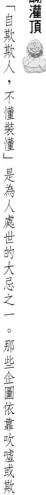

11 說老實話，辦老實事，做老實人

有一戶有錢的人家，生了個兒子，從小沒讀什麼書，骨子裏粗俗不堪，卻偏偏愛裝成個文人雅士。

一次，這人要到衙門去遞狀子，以便追回人家欠他的債務。他心想，如果縣官看自己是個知書達理的人，肯定會站在自己這一邊，打贏官司就會容易多了。於是他對縣官謊稱自己是秀才。

縣官見他跪在地上，仔仔細細地打量了好久，心中疑雲頓生。縣官想：這個人獐頭鼠目，形象猥瑣，言語也粗俗得很，哪裡像個秀才呢？接著又轉念一想：人家都說「人不可貌相，海水不可斗量」，我也不能妄下判斷。對了，我來考他一考吧，看他是否貨眞價實。

主意打定，縣官便開口問他說：「既然你是秀才，那你且先說說『桓公殺子糾』這一章應該怎麼講？」

這個人哪裡知道縣官是在考他《論語》裏的句子呢，一聽這話，大驚失色，渾身嚇

得直抖，心想：完了，出了人命案子了，老爺怎麼偏偏問我呢？難道是懷疑我跟這樁命案有什麼牽連嗎？於是他磕頭如搗蒜，連聲大叫道：「青天大老爺，我冤枉啊，小人確實不知道其中的實情啊，老爺明察！」

縣官聽了，又好氣又好笑，低聲自語道：「果然是個冒牌貨，竟敢騙到我的頭上來了！」接著，就命令手下的衙役把這人按倒在地，重打二十大板，直打得他皮開肉綻，哭爹叫娘。

這人一瘸一拐地出了衙門，對他的僕人說：「這位縣官太不講理了，硬說我阿公打死了翁小九，把我打了二十大板。」

僕人問明是怎麼回事後，就對他說：「這是書上的話呀，你姑且答應他，說你略知一二不就應付過去了嗎？」

這人一聽，趕緊拼命搖頭說：「哎呀呀，你可別再害我了，我連叫不知情，都還被他打了二十大板；如果說知道，那豈不是要抓我去償命嗎？」

醍醐灌頂

「說老實話，辦老實事，做老實人」，是每個人都應該奉行的原則；假充內行，到處招搖撞騙的人，最終會得到教訓。

12 己之情欲不可縱，當用逆之之法以制之

少林寺的一個小和尚負責養馬，他嚴格地訓練了他非常喜歡的一匹黑色馬。只要把馬鞭子一揚，那馬就乖乖地聽他支配，而且小和尚說的話，馬是句句明白。

於是，小和尚認爲用言語就可以把黑馬駕馭住了，給這樣聽話的馬加上轡繩是多餘的。

有一天，小和尚騎馬出去時，就把轡繩解掉了。

馬在原野上奔跑，一開始還不算太快，仰著頭抖動著馬鬃，雄赳赳地昂首闊步，好像要驗證主人的做法是正確的。但當它知道什麼約束也沒有的時候，很快就野性大發。它的眼睛裏冒著火，腦袋裏充著血，再也不聽主人的叱責，愈來愈快地飛馳過遼闊的原野。

不幸的小和尚如今毫無辦法控制他的馬了，他顫抖著雙手想把轡繩重新套上馬頭，但已經無法辦到。完全無拘束的馬撒開四蹄，一路狂奔著，竟把小和尚摔下馬來。而它還是瘋狂地往前衝，像一陣旋風似的，什麼方向也不辨，最後衝下深谷，摔了個粉身碎

骨。

小和尚好不傷心，悲痛地大叫道：「我的可憐的好馬呀，是我把你毀掉的呀！如果我不冒冒失失地解掉韁繩，你就不會不聽我的話，就不會把我摔下來，我也不至於摔得滿臉掛花，你也就不會落得這樣淒慘的下場。」

醍醐灌頂

古人說：「己之情欲不可縱，當用逆之之法以制之，其道只在一忍字。」在日常生活中，每個人都體察到，自己的思想與行為，無時無刻不受到社會的制約。在實踐中學會自律，善於自律，更是獲得行為自由、順利發展自身的必要前提。

13 必須時刻克制自己的欲望，才能有所收益

佛陀時代，波羅脂國有兩個比丘。一天，聽說佛陀在舍衛國大開法筵，演說妙法，二人便相約一同前去聽佛陀開示法要。

收拾了簡單的行囊，二人便向舍衛國出發了。

烈日下，二人揮汗如雨地低頭疾行，走著走著，覺得口乾舌燥，但一路上卻沒有半點水源，二人只得耐著口渴，繼續往前走……

正當二人走得精疲力竭，突然，眼前一亮！一口井就在前面不遠處！

二人宛如沙漠逢甘霖般，欣喜地前去汲水。

當他們把水汲出井後，卻發現水中有蟲。這時其中一位比丘，顧不得水中有蟲，就迫不及待地一飲而下。

而另一位比丘，只是默然地站立於井邊，喝了水的比丘見狀就問：「你不也是很渴嗎？爲什麼現在卻不喝了呢？」這位比丘答道：

「佛陀有制戒，水中有蟲不得飲用，飲了即犯殺生戒。」

喝了水的比丘就相勸說：「您還是喝了吧，不然渴死了，連佛都見不到，更別說聽經聞法了！」

比丘聽完，不為所動地說：「我寧可渴死，也不願意破戒而苟活！」

這位堅持不喝水的比丘就因此而喪命了。

但由於持戒的功德力，比丘往生後立即生到天道，當天晚上就以神通力抵達佛所，頂禮佛陀，佛為他說法，便得到了法眼淨。

喝了水的比丘獨自一人繼續趕路，直到隔日才來到佛所，一見佛陀，立刻五體投地的至誠禮拜。

佛陀以神通智能力得知先前發生的事，他詢問道：「比丘！你從何處來？有沒有同伴隨行？」

比丘即一五一十的把路上發生的事稟告佛陀，佛即呵斥說：「你這個愚癡的人！你雖然現在眼睛見到了佛，但是卻沒有眞正地見到佛，那位持戒而死的比丘，已先你一步來見我了。」

佛陀更進一步說：「如果有比丘放逸懈怠，雖與我同住在一起，也能常常見到我，但我卻不曾見這樣的比丘；若有比丘離我數千里，能精進用功、不放逸，雖然彼此相隔千里之遙，這樣的比丘卻能常常見到佛，佛也常常得見比丘。」

比丘聽完佛的教導，若有所悟，羞愧地頂禮而退。

醍醐灌頂

佛家認為：「一寸道，九寸魔。」說明修煉品德是一件很艱苦的事，必須時刻克制自己的欲望，才能有所收益。理性的克制對一個追求成功的人來說，不是束縛的鎖鏈，而是強韌的護身甲，雖然披掛上它不免有些累贅，但是它能讓你避免誤入歧途，早日達成自己的目標。

14 善於約束自己，專注地精勤用功

有一個學僧元持在無德禪師座下參學，雖然精勤用功，但始終無法對禪法有所體悟，有一次在晚參時，元持特別請示無德禪師道：

「弟子進入叢林多年，一切仍然懵懂不知，空受信施供養，每日一無所悟，請老師慈悲指示，每天在修持、作務之外，還有什麼是必修的課程？」

無德禪師回答道：「你最好看管你的兩隻鷲、兩隻鹿、兩隻鷹，並且約束口中一條蟲。同時，不斷地鬥一隻熊，和看護一個病人，如果能做到並善盡職責，相信對您會有很大的幫助。」

元持不解地說道：「老師！弟子孑然一身來此參學，身邊並不曾帶有什麼鷲、鹿、鷹之類的動物，如何看管？更何況我想知道的，是與參學有關的必修課程，與這些動物有什麼關係呢？」

無德禪師含笑地道：「我說的兩隻鷲，就是你時常要警戒的眼睛——非禮勿視；兩隻鹿，是你需要把持的雙腳，使它不要走罪惡的道路——非禮勿行；兩隻鷹，是你的雙手，要讓它經常工作，善盡自己的責任——非禮勿動。我說的一條蟲，就是你的舌頭，你應該要緊緊約束著——非禮勿言。這隻熊就是你的心，你要克制它的自私與個人主義——非禮勿想。這個病人，就是指你的身體，希望你不要讓它陷於罪惡。我想在修道上，這些實在是不可少的必修課程。」

醍醐灌頂

善於約束自己，專注地精勤用功，做到「非禮勿視；非禮勿行；非禮勿動；非禮勿言；非禮勿想」，才能順利實現自己的目標。

15 誘惑面前巍然不動，把持節操

唐朝的時候，有個地方官叫張延賞，爲官處事還算正直清廉。這一日，張延賞接到一樁案子，牽涉到人命，案情嚴重，非同一般。張延賞按照一貫的作法，十分重視此案，他決心追查到底。於是他傳下令來，命捕快們嚴加偵查搜捕，務必儘快將罪犯捉拿歸案。

不料，第二天早晨張延賞來到衙門，正待坐下處理公務，卻發現案上有一紙條，上面寫著：「送上三萬貫，請求不要追查此案。」張延賞一看，臉色頓時一沉，十分氣憤。他將紙條扔在地上，厲聲喝道：「誰敢如此大膽，竟敢拿三萬貫錢來買本官清廉，干擾本官辦案！」於是他再次下命令，對這一案件加緊緝查，並決心嚴懲不貸。

再過一日，張延賞上衙，又一次發現公案上放一紙條，上面並無多的內容，單寫著一個驚人的數字：「十萬貫。」這一下，張延賞幾乎被唬住了，他左右爲難，看樣子，對方的確來頭不小。張延賞思考再三，最後決定把這樁案子擱置起來，不再繼續追查。張延賞那原有的一點廉正，終於被十萬貫「買斷」了。

後來，張延賞的一個手下親信找了個機會，私下裏問張延賞說：「大人，爲什麼將案子放棄不問？」

張延賞回答說：「錢到十萬之多，便是神仙也能買通的，何況人呢！既然什麼人都可以買通，那還有什麼事辦不到的呢？如果我還執迷不悟繼續追查，那將會處處碰壁，除了自找苦吃，自尋災禍，還會有什麼結果呢？所以我也只好停止查辦，保住身家性命，保住烏紗前程啊！」

醍醐灌頂

所謂利慾薰心，金錢會引誘一個人走向貪婪的深淵。要想在誘惑面前巍然不動，把持節操，最關鍵是真正具有正義感和大無畏的精神。

16 誠實無詐，身教重於言教

一個晴朗的早晨，曾子的妻子梳洗完畢，換上一身乾淨整潔的藍布新衣，準備去市場上買一些東西。她出了家門沒走多遠，兒子就哭喊著從身後追了上來，吵著鬧著要跟著去，孩子不大，市場離家又遠，帶著他很不方便。因此，曾子的妻子對兒子說：「你回去在家等著，我買了東西一會兒就回來，你不是愛吃醬汁燒的蹄子、豬腸燉的湯嗎？我回來以後殺了豬就給你做。」這話倒靈驗，她兒子一聽，立即安靜下來，乖乖地望著媽媽一個人遠去了。

曾子的妻子從市場回來，還沒跨進家門，就聽見院子裏捉豬的聲音，她進門一看，原來是曾子正準備殺豬給兒子做好吃的東西，她急忙上前攔住丈夫，說道：「家裏只養了這幾頭豬，都是逢年過節時才殺的，你怎麼拿我哄孩子的話當眞呢？」

曾子說：「在小孩面前是不能撒謊的，他們年幼無知，經常從父母那裏學習知識、聽取教誨，如果我們現在說一些欺騙他的話，等於是教他今後去欺騙別人。雖然做母親的一時能哄得過孩子，但是，過後他知道受了騙，就不會再相信媽媽的話，這樣一來，你就很難再教育好自己的孩子。」

曾子的妻子覺得丈夫的話很有道理，於是心悅誠服地幫助曾子殺豬去毛、剔骨切肉，沒過多久，曾子的妻子就爲兒子做好了一頓豐盛的晚餐。

【勵志箴言】

誠信是做人的根本。哪怕對孩子，也應言而有信，誠實無詐，身教重於言教。要讓孩子從小得到好的德育培養和薰陶，千萬不能隨便哄騙孩子。

17 心靜自然涼，心遠地自偏

慧能大師幼時家境貧寒，三歲喪父。長大後，靠賣柴狩獵奉養母親。後因聽人誦讀《金剛經》有悟，決心學佛出家，由此誕生了中國歷史上最偉大的禪師。

西元六七六年，慧能大師決定出山弘法。他不知道在接下來的年月裏，他傳播的禪理，將會給整個世界帶來這麼巨大的震撼，他只知道他是一名禪師，有責任將自己證悟的大道，傳給愚昧偏執的世人。

大師最先去了法性寺。在那裏，他看到兩個和尚在飄動著法幡（佛教裏一種寫著佛號的小旗子）的旗杆下面爭論不休。

一個和尚大聲叫道：「明明就是旗子在動嗎！這還有什麼好爭論的？」

另一個和尚反駁說：「沒有風，旗子怎麼會動？明明就是風在動嗎！」

兩個人爭論不休，誰也不服誰，周圍很快聚了一堆看熱鬧的人，大家都議論紛紛、莫衷一是。

大師搖頭歎了口氣，走上前去對人們說道：「既不是風動，也不是旗子動，而是你們大家的心動啊！」

有人說笑著把這事報告給了住持方丈。方丈聽罷大吃一驚，急忙率領眾弟子前來拜見慧能大師，頂禮膜拜道：「阿彌陀佛！望大師能長住此地，指點弟子們迷津。」

於是，慧能大師就在此設壇講經說法，不久，禪宗的思想就傳遍了大江南北，今日更是風靡了世界。

醍醐灌頂

對心外事物的觀點，應返求自心，而不是滯留在事物的表像上面。現象的存在是片面的，其所以有分別，完全因為自身的起心動念，心靜則萬物莫不自得，心動則萬象差別自現。心靜自然涼，心遠地自偏。保持一顆純淨的心，「出淤泥」也可以「不染」。

18 爲人處世要有反省意識，做到一日三省

傳說汾陽無德禪師從小天資非凡，對一切文字經常是自然通曉。十四歲時父母相繼去世，於是就出家剃度，雲遊四方，拜訪了七十一位名宿鴻儒，到了省念禪師才開大悟。

省念禪師示寂後，無德應西河道俗的邀請，住於汾陽太子院，廣說宗要，接化學人，足不出戶達三十年之久。

有一位虔誠的佛教信徒，每天都從自家的花園裏採擷鮮花到寺院供佛。一次，當她正送花到佛殿時，碰巧遇到無德禪師從法堂出來，無德禪師說：「你每天都這麼虔誠的以香花供佛，依經典的記載，常以香花供佛者，來世的相貌肯定非常美麗。」

信徒非常歡喜地回答道：「這是應該的，我每次來寺禮佛時，自覺心靈就像洗滌過似的清涼；但回到家中，心就煩亂了，作爲一個家庭主婦，如何在繁囂的塵世中，保持一顆清淨純潔的心呢？」

無德禪師反問道：「你以鮮花獻佛，相信你對花草總有一些常識。我現在問你，你

如何保持花朵的新鮮呢？」

信徒答道：「保持花朵新鮮的方法，莫過於每天換水，並且於換水時把花梗剪去一截，因花梗的一端在水裏容易腐爛，腐爛之後水分不易吸收，就容易凋謝！」

無德禪師道：「保持一顆清淨純潔的心，其道理也是一樣，我們生活的環境像瓶裏的水，我們就是花，惟有不停地淨化我們的身心，變化我們的氣質，並且不斷地懺悔、檢討，改進陋習、缺點，才能不斷吸收到大自然的精華。」

醍醐灌頂

人們每天都要照上好幾次鏡子吧，可是在照鏡子的同時，反省自己行為表現的又有幾個人呢？反省是人生重要的功能，它是一種自我檢查的活動，還是一種學習能力，是認識錯誤、改正錯誤的前提。

自識篇

衆生都是佛祖

知人者智，自知者明；勝人者有力，自勝者強。

——【春秋】老聃

古人說：「志不可不高，志不高，則同流合污，無足有為矣；心不可太大，心太大，則捨近圖遠，難期有成矣。」「把自己太看高了，便不能長進。把自己太看低了，便不能振興。」這便是告訴我們，要正確地認識自我，樹立足夠的自信心。既不要好高騖遠；又不能妄自菲薄，輕易看低自己。

1 知人者智，自知者明

澄一大師在臨終前，有一個不小的遺憾——他多年的得力助手緣慧，居然在半年多的時間裏，沒能給他尋找到一個最優秀的閉門弟子。

事情是這樣的：澄一大師在風燭殘年之際，知道自己時日不多了，就想考驗和點化一下他的那位平時看來很不錯的助手緣慧。他把緣慧叫到床前說：「我的蠟燭所剩不多了，得找另一根蠟燭接著點下去，你明白我的意思嗎？」

「明白，」緣慧趕快說，「您的思想光輝是得很好地傳承下去……」

「可是，」澄一大師慢悠悠地說，「我需要一位最優秀的傳承者，他不但要有相當的智慧，還必須有充分的信心和非凡的勇氣……直到現在，這樣的人選我還未見到，你幫我尋找和發掘一位好嗎？」

「好的，好的。」緣慧很溫順、很尊重地說，「我一定竭盡全力地去尋找，以不辜負您的栽培和信任。」

澄一大師笑了笑，沒再說什麼。

忠誠而勤奮的助手緣慧，不辭辛勞地透過各種管道開始四處尋找了。可他領來一位又一位，總被澄一大師一一婉言謝絕了。有一次，當緣慧再次無功而返地回到澄一大師的病床前時，病入膏肓的澄一大師硬撐著坐起來，撫著這位助手的肩膀說：「眞是辛苦你了，不過，你找來的那些人，其實還不如你……」

「我一定加倍努力，」緣慧言辭懇切地說，「找遍城鄉各地、找遍五湖四海，我也要把最優秀的人選挖掘出來、舉薦給您。」

澄一大師笑笑，不再說話。

半年之後，澄一大師眼看就要告別人世，最優秀的人選還是沒有眉目。緣慧非常慚愧，淚流滿面地坐在病床邊，語氣沉重地說：「我眞對不起您，令您失望了！」

「失望的是我，對不起的卻是你自己。」澄一大師說到這裏，很失望地閉上眼睛，停頓了許久，才又不無哀怨地說，「本來，最優秀的就是你自己，只是你不敢相信自己，才把自己給忽略、給耽誤了……其實，每個人都是最優秀的，差別就在於如何認識自己、如何發掘和重用自己……」話沒說完，澄一大師就永遠離開了這個世界。

緣慧非常後悔，在歎息中度過了整個後半生。

醍醐灌頂

古人說：「高山平地有黃金，只恐為人無信心。」「知人者智，自知者明；勝人者有力，自勝者強。」充分的自信和堅強的信心，能使平凡的人做出驚人的業績。

2 我的東西，並不是你的東西

百丈懷海禪師是馬祖的親傳法脈弟子，他在禪宗也是很有名的。百丈有一位弟子叫香嚴智閑，他非常聰明，在百丈面前可以問一答十。

智閑禪師自從百丈入滅圓寂後，就跟隨大師兄溈山靈佑禪師學禪。

有一天，溈山對智閑說：「聽說你在先師在世之時，口齒伶俐，師父問你一句，你能回答十句；問你十句，你能回答百句，但這只是你的小聰明。光憑這些佛學常識是沒有什麼用的。」

見智閑不服，溈山便問智閑：「父母未生以前，你的本來面目是什麼？」

平時只重視引經據典、考證東考證西、收集歸納及整理資料的智閑禪師，這時回答不出來了，只好拍拍屁股回到自己的禪房，並且用盡所有的精神及時間，翻遍了大藏經及禪宗祖師爺們所留下來的語錄、公案之類書籍，最後連參考書都用上了，可是就是找不到「本來面目」。於是智閑只好厚著臉皮，再回來找大師兄溈山請教了。

溈山說：「我實在無可奉告。如果有什麼東西可以教給您的話，那是我的東西（指本來面目，佛性），並不是你的東西。」

智閑一聽大師兄說了這一番話之後，總覺得大師兄可能有意在隱瞞百丈先師所傳給他的「正法眼藏」，於是在傷心及一氣之下，就用一把火把自己身邊多年以來塞滿屋子的書籍、資料、文件統統燒掉了。然後就去看守慧忠國師的墳墓，晝夜思考這個疑團。

有一天，智閑在田園除草，忽然鋤頭碰到石頭，咯答一聲，智閑頓然身心脫落而大徹大悟，於是他沐浴焚香，對著溈山遙拜著說：「師兄你實在大慈悲了，假如當初你告訴了我，我就沒有今日的喜悅了！」

醍醐灌頂

人生最重要的，就是發現自我的本來面目。智閑因為發現了自我的本來面目而開悟了。每個人都應該思考，如何發現並活出一個真實的自我來。

3 王者之業，惟倚自信

有一個非常非常小的鎮子。在這個無名的小鎮上，住著一個非常受人尊敬的老和尚。

老和尚已經很老，和他同齡的世人的重孫子，都已到了談婚論嫁的年齡了。冬天天冷的時候，老和尚倚在牆上曬太陽的樣子，使人想起一根毫無生氣的朽得掉渣的樹根。

老和尚很醜，年輕時就是一臉的麻子，不知什麼原因又失去一隻眼睛。到了老時，一臉皺紋加上滿面的滄桑，可以說從形象上絲毫無任何魅力可言。

但小鎮上所有的人，不管是男男女女老老少少，是老實巴交的漢子，還是街頭胡鬧的浪蕩子，都對他畢恭畢敬。就連他在牆角瞇著眼打盹，人們也要放輕了腳步，對他鄭重地行注目禮。

就是這麼一個行將就木、外貌醜陋的老和尚，又憑什麼享有神一樣的尊嚴呢？

據說他得益於一個充滿神奇的匣子。他那個外表看去普通的匣子，爲他贏得了至高無上的尊嚴。

關於那個神奇的匣子，有很多的傳說。

據說那個匣子是老和尚的師父出家前，從皇宮裏偷來的。老和尚的師父出家前，有妙手神偷的絕技，飛簷走壁，出入戒備森嚴的皇宮如入無人之境。且說那日潛入皇宮之中，滿眼奇珍異寶引起了他的興趣，他翻箱倒櫃，從一個極隱秘、極安全的地方發現了這只匣子，他猜測這匣子非同小可，定是價值連城的寶物無疑，便迅速收入懷中，飛身而去。

第二天，許多大內高手便傾巢而出……

至於匣子裏面到底藏的是什麼無價之寶，除了老和尚的師父，其他所有的人都未見過。老和尚的師父曾留有嚴訓，任何人不得打開它偷看。

那時的老和尚還小，爲了能從師父的口中套一點秘密出來，用盡了手段，他的師父才對他捋鬚神秘地說：「無價之寶啊！」

老和尚去世的時候，自己穿戴很整齊，蒼老的麻臉上一片安詳。雙手定定地抱住放在胸口上的那只寶匣。

終於禁不住好奇的小和尚，打開那只充滿傳奇色彩的寶匣，展開裏面的一卷素絹，只見上書：「王者之業，惟倚自信。」

原來，被皇家當成比珠寶還要珍貴的東西，只是「自信」兩個字。正是因爲自信，那個很普通的人才坐在龍椅之上，被萬民口稱「萬歲」。

醍醐灌頂

自信是構築一切的基石。自信是一種不怕冒險、不怕失敗的積極心態。這種心態，常常是一個人獲得戰勝困難力量的源泉。只有充滿堅定自信的人，才能取得巨大的成功。

4 智慧是生命的泉源，信念是生命的動力

春秋戰國時代，一位父親和他的兒子出征打戰。父親已做了將軍，兒子還只是馬前卒。又一陣號角吹響，戰鼓雷鳴了，父親莊嚴地托起一個箭囊，其中插著一隻箭。父親鄭重對兒子說：「這是家襲寶箭，配帶身邊，力量無窮，但千萬不可抽出來。」

那是一個極其精美的箭囊，厚牛皮打製，鑲著幽幽泛光的銅邊，再看露出的箭尾，一眼便能認定用上等的孔雀羽毛製作。兒子喜上眉梢，貪婪地推想箭杆、箭頭的模樣，耳旁彷彿嗖嗖地箭聲掠過，敵方的主帥應聲折馬而亡。

果然，佩帶寶箭的兒子英勇非凡，所向披靡。當鳴金收兵的號角吹響時，兒子再也禁不住得勝的豪氣，完全背棄了父親的叮囑，強烈的欲望驅趕著他呼一聲就拔出寶箭，試圖看個究竟。驟然間他驚呆了。

一隻斷箭，箭囊裏裝著一隻折斷的箭。

我一直帶著一隻斷箭打仗呢！兒子嚇出了一身冷汗，彷彿頃刻間失去支柱的房子，意志轟然坍塌了。

結果不言自明，兒子慘死於亂軍之中。

拂開濛濛的硝煙，父親揀起那柄斷箭，沉重地啐一口道：「不相信自己的意志，永遠也做不成將軍。」

醍醐灌頂

古人說：「智慧是生命的泉源，信念是生命的動力。」在生活中，缺乏自信常常是很多人性格軟弱和事業不能成功的主要原因。在很多時候，你相信你行，你就行；你對自己感到洩氣的時候，你已經失敗了。

5 一切現成，不必外求

法眼是南唐後主的國師，他作小沙彌時，曾跟一些同學去參禪，路上遇到大雪，他們住在一個羅漢庵裏。晚上他們討論時，法眼說：「天地與我同根，萬物與我一體。」老和尚聽了也沒答話。

第二天天晴了，他們要上路了，老和尚問法眼：「小和尚，你昨天晚上談論的很妙呀，我問你，這塊石頭是在你心裏面，還是心外面？」

法眼不假思索地說：「當然在心裏面了，一切唯心造嘛！」

老和尚說：「小和尚，你把一塊石頭放在心裏去修行，累不累呀？」法眼一驚：有道理，有道理，不走了，我跟他學。

學了半年，法眼與老和尚辯論佛是什麼，法是什麼，禪是什麼。老和尚說：「都不是。」

法眼說：「那我就不懂呀，你什麼都不是，那什麼是呢？」

老和尚講了：「若論佛法，一切現成。」法眼一下悟道了。若論佛法，一切現成。

也就是說禪師講了，一切現成呀，你何必外求呢？

醍醐灌頂

正如唐代一尼僧的一首悟道詩所說：「盡日尋春不見春，芒鞋踏破嶺頭雲；歸來手把梅花嗅，春在枝頭已十分。」很多人習慣於尋求自己所沒有的東西，尋求自己眼前以外的東西，為什麼就不會充分利用身邊的一切呢？

6 眾生都是佛祖，人人都能成功

悟道之前，夢覺大師立志苦行修身，雲遊四海，到處拜師，但無論如何都參不透這成佛的禪機。一日，他愁思滿面地走進一個破敗的寺廟，躺在草瓦堆裏冥思苦想。

正想著的時候，忽聽半空中霹靂一聲，整個寺廟籠罩在一片祥光之中。

大師慌忙爬起，定睛一看，居然發現自己苦求不得的大慈大悲的佛祖，就端坐在雲層之中。

大師連忙翻身跪倒在地，連聲念道：「阿彌陀佛，阿彌陀佛！望佛祖點化弟子！」

正拜著的時候，佛祖頭上鑽出一隻老鼠，吱吱吱尖叫大笑道：「哈哈，愚蠢可笑的人類。膝蓋竟然這樣柔軟，說跪就跪下了！」

大師氣壞了，正尋思該怎麼教訓那隻膽大妄爲的老鼠，這時一隻餓極了的野貓闖了進來，一把將老鼠抓住，張牙咧嘴就要吞吃。

「你不能吃我！你應該向我跪拜！我代表著佛！」這位高貴的俘虜抗議道。

「人們向你跪拜，只是因爲你所占的位置，不是因爲你！」野貓譏諷道，然後，像掰開一個漢堡那樣把老鼠掰成了兩半，還扔給大師一半說：「和尚你也來吃！」

大師大吃一驚，就從夢裏醒了過來，恍然大悟道：「我眞是個笨蛋啊，竟然騎驢找驢！我自己就是一尊活佛，何必四處去拜那些假佛呢？」

大師大笑三聲，揚長而去，從此以夢覺爲號，一去就再無蹤跡。

醍醐灌頂

佛家文化強調的是：佛就在你身上，你就是佛，衆生都是佛祖。每個人都是一座寶藏，每個人都具有佛性，每個人都能夠成功。

7 忘記自己，才能發現心靈深處的真我

佛光禪師在參禪的生活中，經常忘記自己。一些從各方前來參學的禪者，要求拜見禪師，面請教益，侍者通報時說，某位學僧從某地來，想見禪師問禪。

佛光禪師總是自然地反問：「誰是禪師？」

有時，佛光禪師在吃飯時，侍者問：「禪師！你吃飯吃飽了嗎？」

禪師也像茫然地問道：「誰在吃飯？」

一次，佛光禪師下田鋤草，從早到晚都沒有休息一下，寺裏大眾見到他都慰問說：「禪師！你辛苦了！」

佛光禪師禮貌地答道：「誰在辛苦？」

「誰在辛苦？」「誰在吃飯？」「誰在經行？」「誰在說話？」佛光禪師經常忘了自己——他經常這樣回答別人，也反問別人。

不少的禪者學人，因佛光禪師的話而尋回了自己，認識了自己。

醍醐灌頂

「不識廬山真面目，只緣身在此山中。」經常忘記自己，才能從更高的層次審視和認識自己。解開執著或情感污染的繫縛，發現心靈深處的真我；從中找到真正皈依處，看出生命的價值和意義。

8 你就是自己的救世主，要相信自己的力量

南陽慧忠禪師是牛頭宗之祖師，唐肅宗、代宗都曾封他為國師，唐高宗曾經跟隨他求受五戒，武則天請他至宮中宣講華嚴要義。

傳說慧忠圓寂時，有瑞雲覆蓋精舍，空中又傳來天樂之聲，慧忠安然而逝。一時之間風雨交加，震折林木，接著有白虹橫貫山岩溪壑之間，頗為神奇。

南陽慧忠國師感念侍者為他服務了三十年，想有所報答他，助他開悟，一天呼喚道：「侍者！」

侍者一聽國師叫他，立刻回答他道：「國師！做什麼？」

國師無可奈何地道：「不做什麼！」

過了一會，國師又叫道：「侍者！」侍者立刻回答道：「國師！做什麼？」

國師又無可奈何地道：「不做什麼！」

如是多次，國師對侍者改口叫道：「佛祖！佛祖！」

侍者茫然不解地反問道：「國師！您叫誰呀？」

國師不得已，就明白地開示道：「我在叫你！」

侍者不明所以道：「國師！我是侍者，不是佛祖呀！」

慧忠國師此時只有對侍者慨歎道：「你將來可不要怪我辜負你，其實是你辜負我啊！」

侍者仍強辯道：「國師！不管如何，我都不會辜負你，你也不會辜負我呀！」

慧忠國師道：「事實上，你已經辜負我了。」

禪門講究「直下承擔」，所謂心、佛、眾生，三無差別，眾生都是佛祖。而侍者只承認自己是侍者，不敢承擔佛祖的稱謂，這不是大大地辜負了慧忠的良苦用心嗎？

醍醐灌頂

每個人心裏的深處，都有一盞光明的燈。只要肯努力、肯立志、肯腳踏實地地生活和工作，那盞光明燈便能大放異彩。它給人溫暖，給人信心，助長志氣，照亮前程。

9 只要自己眞有實力，就要耐得住寂寞

一個老和尚在寺廟後面種了一大片玉米。

一個顆粒飽滿的玉米說道：「收穫那天，老和尚肯定先摘我，因爲我是今年長得最好的玉米！」

可是收穫的那天，老和尚並沒有把它摘走。

「明天，明天他一定會把我摘走。」很棒的玉米自我安慰著。

第二天，老和尚又收走了其他玉米，可唯獨沒有摘這個玉米。

「明天，老和尚一定會把我摘走！」很棒的玉米仍然自我安慰著……

可老和尚依然沒有來。

一天又一天，玉米絕望了，原來飽滿的顆粒變得乾癟堅硬，整個身體像要炸裂一般，它準備和玉米桿一起爛在地裏了。

可就在這時，老和尚來了，一邊摘下它，一邊說：「這可是今年最好的玉米，用它作種子，明年肯定能種出更棒的玉米！」

醍醐灌頂

只要自己真有實力，就要耐得住寂寞，在遭受冷遇的時候，以平和的心態繼續努力，而不是怨天尤人，或因此垂頭喪氣、萎靡不振。

10 自信自立，是修行者的思想基礎

有一天，一位禪師爲了啓發他的門徒，給他的徒弟一塊石頭，叫他去蔬菜市場，並且試著賣掉它。這塊石頭很大，很好看。但師父說：「不要眞的賣掉它，只是試著賣賣看。注意觀察，多問一些人，然後只要告訴我在蔬菜市場它能賣多少錢。」

這個人去了。在菜市場，許多人看著石頭想：它可以作很好的小擺件，我們的孩子可以玩，或者我們可以把這當作稱菜用的秤砣。於是他們出了價，但只不過幾個小硬幣。那個人回來。他說：「它最多只能賣到幾個硬幣。」

師父說：「現在你去黃金市場，問問那兒的人。但是不要賣掉它，光問問價。」從黃金市場回來，這個門徒很高興，說：「這些人太棒了。他們樂意出到一千塊錢。」

師父說：「現在你去珠寶商那兒，但不要賣掉它。」他去了珠寶商那兒。他簡直不敢相信，他們竟然樂意出五萬塊錢，他不願意賣，他們繼續抬高價格——他們出到十萬。但是這個人說：「我不打算賣掉它。」

他們說：「我們出二十萬、三十萬，或者你要多少就多少，只要你賣！」

這個人說：「我不能賣，我只是問問價。」他不能相信：「這些人瘋了！」他自己覺得蔬菜市場的價已經足夠了。

他回來。師父拿回石頭說：「我們不打算賣了它，不過現在你明白了，這個要看你，看你是不是有試金石、理解力。如果你是生活在蔬菜市場，那麼你只有那個市場的理解力，你就永遠不會認識更高的價值。」

醍醐灌頂

佛家說：「自信自立，是修行者的思想基礎。」在很大程度上，你可以掌握自己的命運，決定自己的價值！堅信「天生我才必有用」，才能充分發展自我。

11 修行的要旨在於內心的開發，自身潛力的挖掘

根據《佛經》的記載，釋迦牟尼給弟子講過這樣一個故事：

有一位年老的富翁，非常擔心他從小嬌慣的兒子的前途，雖然他有龐大的財產，卻害怕遺留給兒子反而帶來禍害。他想，與其留財產給孩子，還不如教他自己去奮鬥。

他把兒子叫來，對兒子說了他如何白手起家，經過艱苦的拼搏才有了今天的成就。父親的故事感動了這位從未出過遠門的青年，激發了他奮鬥的勇氣。於是，他立下誓願：如果不找到寶物絕不返鄉。

青年打造了一艘堅固的大船，在親友的歡送中出海。他駕船渡過了險惡的風浪，經過無數的島嶼，最後在熱帶雨林中找到了一種樹木，這樹木高達十餘公尺，在一大片雨林中只有一兩株。砍下這種樹木，經過一年的時間讓外皮朽爛，留下木心沉黑的部分，會散發一種無比的香氣。放在水中，它不像別的樹木浮在水面上，而是會沉到水底去。青年心想：這眞是無比的寶物呀！

青年把這香味無以比擬的樹木運到市場上出售，可是沒有人來買他的樹木，這使他

非常煩惱。偏偏在與他相鄰的攤位上有人在賣木炭，那小販的木炭總是很快就賣光了。剛開始的時候青年還不爲所動，日子一天天過去，終於使他的信心動搖，他想：「既然木炭這麼好賣，爲什麼我不把香樹變成木炭來賣呢？」

第二天他果然把香木燒成木炭，挑到市場，一會兒就賣光了，青年非常高興自己能改變心意，得意地回家告訴他的老父。然而他老父聽了，卻忍不住落下淚來。

原來，青年燒成木炭的香木，正是這個世界上最珍貴的材木「沉香」，只要切下一小塊磨成粉屑，價值就會超過一車的木炭。

醍醐灌頂

佛家説：「修行的要旨在於內心的開發，自身潛力的挖掘。」生活對於任何一個人來説都非易事，我們必須要對自己有信心。我們必須相信和發現自己的特殊天賦和才能，只有這樣，才能逐步擺脱平庸。

12 長短相形，高下相盈

有一個十歲的小男孩，在一次車禍中失去了左臂，但是他很想學柔道。最終，小男孩拜一位擅長柔道的和尚做了師父，開始學習柔道。他學得不錯，可是練了三個月，師父只教了他一招，小男孩有點弄不懂了。

他終於忍不住問老師：「我是不是應該再學學其他招式？」

師父回答說：「不錯，你的確只會一招，但你只需要這一招就夠了。」

小男孩並不是很明白，但他很相信師父，於是就繼續照著練了下去。

幾個月後，師父第一次帶小男孩去參加比賽。小男孩自己都沒有想到，居然輕輕鬆鬆地贏了前兩輪。第三輪稍微有點艱難，但是對手還是很快變得有些急躁，連連進攻，小男孩敏捷地施展出自己的那一招，又贏了。就這樣小男孩稀裏糊塗地進入了決賽。

決賽的對手比小男孩高大，強壯許多，也似乎更有經驗。小男孩顯得有點招架不住，裁判擔心小男孩會受傷，就叫了暫停，還打算就此終止比賽，然而師父不答應，堅持說：「繼續下去。」

比賽重新開始後，對手放鬆了警惕，小男孩開始使出他的那一招，制服了對手，由此贏得了比賽，得了冠軍。

回家的路上，小男孩和師父一起回顧每場比賽的每一個細節，小男孩鼓起勇氣道出了心理的疑問：「師父，我怎麼就憑著一招就贏得了冠軍？」

師父答道：「有兩個原因：第一，你幾乎掌握了柔道中最難的一招；第二，就我所知，對付這一招唯一的辦法是對手抓住你的左臂。」

醍醐灌頂

老子在《道德經》中說：「有無相生，難易相成，長短相形，高下相盈。」「長短」和「高低」都是相伴而生、相對而言的。有的時候，人的劣勢未必就是劣勢，只要正確認識自己，充分發揮自己的特長，最大的劣勢，可能反而會變成最大的優勢。

13 要相信自身的偉大，努力去發展自己

在一個貧困封閉的山村裏，有一個不願繼續貧困和封閉下去的孩子。

一個偶然的機會，他聽到一個從遠方來的過路人談起了城市，於是心中萌生了到城市去的念頭。

哥哥對他嗤之以鼻：「你要有自知之明。」

孩子說：「我要到海邊去。」

哥哥苦口婆心：「咱們祖祖輩輩都在大山裏生活，就你好高騖遠。人貴有自知之明，你卻連一點自知之明都沒有！」

孩子將信將疑，幸虧他年紀還小，還沒養成什麼話都聽的習慣。

孩子在慢慢長大，當他覺得自己有足夠的力量走出去的時候，他告別了這個生活了多年的小村。

歷盡艱辛，他終於來到了城市；歷盡更多的艱辛，他又見到了大海。

他去了許多夢裏去過的地方，還去了夢裏沒有去過的地方。

而勸他要有自知之明的哥哥，卻像他的父輩一樣，老死在貧困的村子裏，至死他都沒有見過城市和大海。

醍醐灌頂

知道自己有多麼偉大、多麼獨特、多麼獨一無二，這是最起碼的自知之明。可惜現實生活中，人們往往把「自知之明」理解得過於保守和謹慎。

14 不管幹什麼，都不必企圖使人人都滿意

有一個小和尚想畫出一幅人人見了都喜歡的畫。畫完了，他拿到市場上去展出。畫旁放了一支筆，並附上說明：每一位觀賞者，如果認爲此畫有欠佳之筆，均可在畫中做上記號。

晚上，小和尚取回了畫，發現整個畫面都塗滿了記號——沒有一筆一劃不被指責。小和尚十分不快，對這次嘗試深感失望。

師父建議小和尚再換一種方法去試試。小和尚又摹了一張同樣的畫拿到市場展出。可這一次，他要求每位觀賞者將其最爲欣賞的妙筆都標上記號。

當小和尚再取回畫時，他發現畫面又被塗遍了記號——一切曾被指責的筆劃，如今卻都換上了讚美的標記。

「哦！」小和尚不無感慨地說道，「我現在發現了一個奧妙，那就是：我們不管幹什麼，只要使一部分人滿意就夠了；因爲，在有些人看來是醜惡的東西，在另一些人眼裏則恰恰是美好的。」

醍醐灌頂

生活就是這樣，你不能企求盡善盡美、人人滿意。你過分關心別人對你的看法，太小心翼翼地想取悦別人時，就會使自己有過度的否定回饋、壓抑以及不良的表現。

15 做自己該做的事，走自己該走的路

多年前，白塔寺的櫥櫃裏有兩隻罐子，一隻是陶的，另一隻是鐵的。驕傲的鐵罐瞧不起陶罐，常常奚落它。

「你敢碰我嗎，陶罐子？」鐵罐傲慢地問。

「不敢，鐵罐兄弟。」謙虛的陶罐回答說。

「我就知道你不敢，儒弱的東西！」鐵罐說著，現出了更加輕蔑的神氣。

「我確實不敢碰你，但不能叫作儒弱。」陶罐爭辯說，「我們生來的任務就是盛東西，並不是來互相撞碰的。在完成我們的本職任務方面，我不見得比你差。再說……」

「住嘴！」鐵罐憤怒地說，「你怎麼敢和我相提並論！你等著吧，要不了幾天，你就會破成碎片，消滅了，我卻永遠在這裏，什麼也不怕。」

「何必這樣說呢，」陶罐說，「我們還是和睦相處的好，吵什麼呢！」

「和你在一起我感到羞恥，你算什麼東西！」鐵罐說，「我們走著瞧吧，總有一天，我要把你碰成碎片！」

陶罐不再理會。

時間過去了，世界上發生了許多事情，廟宇年久失修倒塌了，兩隻罐子被遺落在荒涼的場地上。歷史在它們的上面積滿了渣滓和塵土，時間過了一個世紀又一個世紀。

許多年代以後的一天，人們來到這裏，掘開厚厚的堆積，發現了那隻陶罐。

「喲，這裏頭有一隻罐子！」一個人驚訝地說。

「眞的，一隻陶罐！」其他的人說，都高興地叫了起來。

大家把陶罐捧起，把它身上的泥土刷掉，擦洗乾淨，和當年在御櫥的時候完全一樣，樸素，美觀，毫光可鑒。

「一隻多美的陶罐！」一個人說，「小心點，千萬別把它弄破了，這是古代的東西，很有價値的。」

「謝謝你們！」陶罐興奮地說，「我的兄弟鐵罐就在我的旁邊，請你們把它掘出來吧，它一定悶得夠受的了。」

人們立即動手，翻來覆去，把土都掘遍了。但，一點鐵罐的影子也沒有——它，不知道什麼年代，已經完全氧化，早就無蹤無影了。

醍醐灌頂

一個人只有欣賞自己，才會尋找到自己的方向，才會發現自己的特長，生活因此也才會變得豐富多彩。只要做了自己該做的事，走了自己該走的路，就會擁有別人所有的東西，這一生就充滿了意義。

16 讓自己「停下來」，不要被欲望所控制

央崛摩羅尊者在出家之前，權利欲很強，一心想成爲他們國家的國王。一個修行未成的人告訴他，如果能夠用一千個大拇指做成花冠，他的願望就能夠實現。

於是，央崛摩羅千方百計地收集大拇指，甚至達到了不擇手段的地步。這樣沒過多久，他就得到了九百九十九個大拇指。只要能夠得到最後的一個大拇指，就可以成爲國王了。

一想到這一點，央崛摩羅就心花怒放、不能自制。可是，這最後的一個大拇指要怎麼得到呢？他冥思苦想，始終想不出什麼辦法。在強烈欲望的驅使下，他幾乎喪失了理智，到了喪心病狂的地步。最後，他想到了自己的母親。

他拿起了刀子，衝向正在灶臺上爲自己熬粥的母親。母親嚇壞了，苦苦地向他哀求。但是，一心想成爲國王的央崛摩羅一點都不爲所動。就在他要動手的時候，突然出現了一個小和尚，並且，這個和尚向他伸出了大拇指。於是，央崛摩羅放開母親，開始追趕和尚。

和尚看起來走得很慢，並像有意在等他一樣，可是，央崛摩羅全力追趕，怎麼也追不上。

原來，這個和尚不是普通的和尚，而是佛祖釋迦牟尼的化身。佛祖在靈山上心念一動，知道央崛摩羅要殺掉自己的母親，就想趁機度化這個愚昧的眾生。於是，佛祖化成了和尚，出現在他的面前。

央崛摩羅追得筋疲力盡，最後實在跑不動了，只好高聲喊道：「喂！和尚，站住！給我站住！」

佛祖回答道：「我已經停下很久了，是你停不下呀。」

央崛摩羅聽到這話，心中頓時大悟，明白了自己犯下的罪惡。於是，他放下屠刀，拜佛祖為師。由於他一心向佛，潛心修煉，最終成為了菩薩。

醍醐灌頂

在生活中，很多人難免會踏上一些不該走的道路，並且難以自拔。人一旦被權利、金錢、欲望所控制，就會身不由己，欲罷不能。在這個時候，我們應該提醒自己，給自己敲敲警鐘，讓自己「停下來」，尋找一條正確而適合自己的道路。

17 不可妄自菲薄，盲目崇拜和羨慕他人

很久以前，有個人住在叢山之間，他家有個雕像，是一位古代的大師製作的。雕像臉孔朝下倒在他家的大門口，他對此毫不在意。

有個博學的人，從城裏出來，經過他的家，看到了這個雕像，他就問這雕像的主人，是否願意出售。主人有些不可思議，繼而哈哈大笑，說道：「請問誰要買這塊笨重骯髒的石頭？」

城裏人說道：「我願意出一塊銀元買它。」

山裏人驚訝不已，喜出望外。

雕像放在一頭大象的背脊上，運到了城裏。

過了幾個月，那個山裏人進城去了，他在大街上行走時，看到一大群人擁在一個鋪子門口，有個人在高聲喊道：「請進來欣賞天下精美絕倫的雕像吧。只要花兩塊銀元，就可以瞧瞧藝術大師的這件最了不得的珍品。」

這山裏人付了兩塊銀元，踏進店裏，瞧見了他自己以一塊銀元的價格售出的那個雕

像。

醍醐灌頂

古人有「遠來的和尚會念經」的説法，很多人更傾向於願意相信別人而不是自己。妄自菲薄、盲目崇拜和羨慕他人是一種有害的性格。聰明的人會正確認識自我，努力發掘和充分利用自身寶貴的財富。

18 堅持錯誤的目標不自覺，不是眞正的執著

有一個落魄潦倒的窮畫家，一直堅持著自己的理想，除了畫畫之外，不願從事其他的工作。

而他所畫出來的作品，又一張也賣不出去，搞得三餐老是沒有著落，幸好街角餐廳的老闆心地很好，總是讓他賒欠每天吃飯的餐費，窮畫家也就天天到這家餐廳來用餐。

一天，窮畫家在餐廳中吃飯，突然間靈感泉湧，不顧三七二十一，拿起桌上潔白的餐巾，用隨身攜帶的畫筆，蘸著餐桌上的醬油、番茄醬等等各式調味料，當場作起畫來。

餐廳的老闆也不制止他，反倒趁著店內客人不多的時候，站在畫家身後，專心地看著他畫畫。

過了好一會兒，畫家終於完成他的作品，他拿著餐巾左盼右顧，搖頭晃腦地欣賞著自己的傑作，深覺這是有生以來畫得最好的一幅作品。

餐廳老闆這時開口道：「嗨！你可不可以把這幅作品給我？我打算把你所積欠的飯

錢一筆勾銷，就當作是買你這幅畫的費用，你看這樣好不好啊？」

窮畫家感動莫名，驚異道：「什麼？連你也看得出來我這幅畫的價值？看來，我真的是離成功不遠了。」

餐廳老闆連忙道：「不！請你不要誤會，事情是這樣子的，我有一個兒子，他也像你一樣，成天只想要當一個畫家。我之所以要買這幅畫，是想把它掛起來，好時時刻刻警惕我的孩子，千萬不要落到像你這樣的下場。」

醍醐灌頂

堅忍不拔常常是成功者的共同特徵；但堅持錯誤的目標而且始終不自覺，卻是導致失敗最重要的原因之一。

19 心太大，則捨近圖遠難有成

一個年輕的小和尚在逛市場的時候，看見一位老人擺了個撈魚的攤子，他向有意撈魚者提供魚網，撈起來的魚歸撈魚人所有。這個年輕和尚一時童心大發，蹲下去撈起魚來，他一連撈碎了三隻網，一條小魚也未撈到。

見老人瞇著眼看自己的蠢樣、心中似乎暗自竊笑，小和尚便不耐煩地說：「施主，你這網子做得太薄了，幾乎一碰到水就破了，那些魚又怎麼撈得起來呢？」

老人回答說：「小師父，看你也是個有知識的人，怎麼也不懂呢？當你心中生意念想撈起你認爲最美的魚時，你打量過你手中所握的魚網是否眞有那能耐嗎？追求不是件壞事，但是要懂得瞭解你自己呀！」

「可是我還是覺得你的網太薄，根本撈不起魚。」

「小師父，你還不懂得撈魚的哲學吧！這和世俗之人所追求的事業、愛情、金錢都是一樣的。當你沉迷於眼前目標之際，你衡量過自己的實力嗎？」

醍醐灌頂

古人說：「心不可太大，心太大，則捨近圖遠，難期有成矣。」人應該務實一點！企望著遙不可及的事物，不如量力而行，從身邊相對容易的事情著手，一步步達到自己的目的。

20 凡事要盡力而爲，也要量力而行

有一位武術大師隱居於山林中。

聽到他的名聲，人們都千里迢迢來尋找他，想跟他學些武術方面的竅門。

他們到達深山的時候，發現大師正從山谷裏挑水。

他挑得不多，兩隻木桶裏水都沒有裝滿。

按他們的想像，大師應該能夠挑很大的桶，而且挑得滿滿的。

他們不解地問：「大師，這是什麼道理？」

大師說：「挑水之道並不在於挑多，而在於挑得夠用。一味貪多，適得其反。」

眾人越發不解。

大師從他們中拉了一個人，讓他重新從山谷裏打了兩滿桶水。

那人挑得非常吃力，搖搖晃晃，沒走幾步，就跌倒在地，水全都灑了，那人的膝蓋也摔破了。

「水灑了，豈不是還得回頭重打一桶嗎？膝蓋破了，走路艱難，豈不是比剛才挑得還少嗎？」大師說。

「那麼大師，請問具體挑多少，怎麼估計呢？」

大師笑道：「你們看這個桶。」

眾人看去，桶裏劃了一條線。

大師說：「這條線是底線，水絕對不能高於這條線，高於這條線，就超過了自己的能力和需要。起初還需要劃一條線，挑的次數多了以後就不用看那條線了，憑感覺就知道是多是少。有這條線，可以提醒我們，凡事要盡力而爲，也要量力而行。」

眾人又問：「那麼底線應該定多低呢？」

大師說：「一般來說，越低越好，因爲這樣低的目標容易實現，人的勇氣不容易受到挫傷，反而會培養起更大的興趣和熱情，長此以往，循序漸進，自然會挑得更多、挑得更穩。」

醍醐灌頂

「欲速則不達。」挑水如同武術，武術如同做人。循序漸進，逐步實現目標，才能避免許多無謂的挫折。

21 首先要確定好方向，避免南轅北轍

從前有一個人，從魏國到楚國去。他帶上了很多的盤纏，雇了非常舒適和漂亮的馬車，套上四匹健壯的駿馬，又請了駕車技術精湛的車夫就上路了。楚國在魏國的南面，可這個人卻讓駕車人趕著馬車一直向北走去。

路上有人問他的車要往哪裡去，他大聲回答說：「去楚國呀！」

路上人告訴他說：「到楚國去應往南方走，你這是在往北走，方向不對。」

那人卻滿不在乎地說：「沒關係，我的馬跑得快！」

路人替他著急，拉住他的馬，阻止他說：「方向錯了，你的馬再快，也到不了楚國呀！」

那人依然毫不醒悟地說：「不要緊，我帶的路費多著呢！」路人極力勸阻他說：「雖然說你的路費多，可是你走的不是那個方向，你路費再多也只能是白花呀，你這樣浪費太不值得了呀！」

那個一心只想著要到楚國去的人有些不耐煩地說：「這有什麼難的，我的車夫趕車

的本領高著呢！」

路人無奈，只好鬆開了拉住車子把手的手，眼睜睜地看著那個盲目上路的魏國人走了。

這個魏國人，不聽別人的指點勸告，仗著自己的馬快、錢多、車夫好等優越條件，朝著相反方向一意孤行，很明顯，他條件越好，他就只會離要去的地方越遠，因爲他的目標方向錯了。

醍醐灌頂

「南轅北轍」是一則傳統的寓言，它告訴我們：無論做什麼事情，首先都要確定好方向，才能迅速達成自己的目標；如果方向錯了，那麼，所有的努力都將是徒勞的。

22 不能依賴偶然的機會，期望意外的收穫

從前有個工匠，以打製金屬裝飾品爲業。這只是一門很普通的手藝，賺的錢不多。工匠常常考慮：怎麼樣才能憑自己的這點本事賺很多很多的錢，不但可以養活家人，還可以很快發財呢？

有一次，工匠出門去辦點事，在郊外碰到一大群人正鳴鑼開道、前呼後擁地過來，路上的行人都不准隨便走動。原來這會兒正趕上皇帝出巡，工匠便和其他人一起站在路邊迎候。

皇帝出來郊遊，正高高興興地四顧欣賞風景，忽然覺得頭上什麼東西不對勁，伸手一摸：糟了，頭上戴的平天冠壞了。現在離皇宮又這麼遠，回去也來不及，這豈不是有損皇帝的威儀嗎？急中生智，他只得叫貼身的侍臣問一下路上的百姓，有沒有會修補平天冠的。聽了侍臣的問話，工匠馬上從人群裏鑽出來，恭恭敬敬地說：「小人會修。」這到底是自己的本行，工匠很熟練地三下兩下就把平天冠給修好了。皇帝非常高興，馬上叫左右賞賜給了工匠十分豐厚的財物，比他一年賺的錢還多得多。

在回家的路上，工匠要經過一座山。在山裏他遇到了一隻大老虎，嚇得他轉身就想逃。可是他聽到老虎的叫聲中充滿了痛苦，像是在呻吟，就大著膽子仔細去瞧了一瞧。只見老虎眼裏都是淚水，躺在地上，伸出爪子給工匠看，原來虎爪上紮了一根大竹刺，鮮血直流。工匠說：「這個好辦。」說完，就取出隨身攜帶的工具。不一會兒，他就把竹刺給拔出來了。老虎用嘴扯了扯工匠的衣角，示意他不要走開，就跑開了。不一會兒，老虎回來了，它銜來一頭鹿放在工匠面前，好像是要作爲給他的酬謝。工匠高興地收下了。

回到家裏，工匠趕緊叫來妻子說：「我們要發財了，我有兩個技術，可以馬上致富。」說完他將大門上那塊「打製金屬裝飾品」的牌子取下，換上一塊「專修平天冠兼拔虎刺」的牌子掛了上去。

皇帝只有一個，他的平天冠能壞幾次呢？給老虎拔刺更是偶然中的偶然，這種碰運氣的事，一輩子大概也只能遇到一回，怎麼能作爲謀生的手段呢？

醍醐灌頂

世上有一些人，往往由於偶然的機會，得到意外的收穫，就以為從此可以毫不費力的坐待機會，獲得自己想要的東西，其結果終將一無所獲、一事無成。

23 世上沒有無用的功夫，只怕沒有任何特長

從前有兩位小和尙，一個姓黑，一個姓白，爲了拜師學藝，作進一步的修煉，他們討論各自分開去尋求名師。同時他們倆也約定好，十年後的今天，他倆一定再回到分手位置的渡船碼頭，不見不散。

歲月如梭，十年一晃就過去了！兩人依約回到渡船碼頭見了面，白和尙問黑和尙說：「黑老大！你的功夫一定很精進，你老兄練就了什麼絕活呢？」

黑和尙很自豪的說：「我拜了一位達摩禪師的傳人爲師，練就了『蘆葦渡江』的無上功夫，現在就讓你開開眼界！」說完後，立刻摘下一根蘆葦草，丟入江中，乘著蘆葦草渡江而過；等白和尙也跟著其他的人坐著渡船過江，兩人剛一碰面，黑和尙就很得意地向白和尙說：「白老弟，你看如何？偉大不偉大？你老弟練了什麼無上的功夫？趕快也露一手，讓咱家瞧一瞧！」

白和尙很不好意思地左瞧瞧右瞧瞧，才低聲地說：「我好像什麼都沒有練，咱師父教咱每天只管認眞地吃飯，認眞地睡覺，專心一意地當和尙，連敲鐘念經都要很專一，

萬般事情努力去作，而後一切隨緣而行！咱師父說這是無上的『智慧與心法』，我也不知道對不對！」

黑和尚聽了之後，哈哈大笑，沒好氣地大聲說道：「這也算是功夫？你這十年都白混了？」。

白和尚聽了這話後，先露出不可置否的表情，然後正經八百地問黑和尚：「黑大哥，你還練了其他功夫嗎？」

黑和尚用很難以置信的神眼，瞄了白和尚一眼，回問白和尚說：「老弟啊！難道我用十年的時間，練就達摩神功的『蘆葦渡江術』，還不算夠精進嗎？」

白和尚搔了一搔頭，自言自語地回答：「黑大哥，你是很厲害！可是我只付給船夫三文錢就可以渡江，爲什麼你要花十年的時間去練它？難道你的十年功夫只值三文錢？」

黑和尚當場愣住了，哭喪著臉，一下子不知如何回答！

「要是沒有船呢？」黑和尚的師父不知何時來了，他突然朗聲說道。

這回該白和尚語塞了。

醍醐灌頂

世上沒有無用的功夫，只怕沒有任何特長。一個人不能狂妄自大，也不要妄自菲薄。應該珍惜自己所擁有的一切，以平和的心態看待別人對自己的品評。

24 只要你具有足夠的定力，就沒有什麼可以阻擋你的

在《阿含經》裏記載著這樣的故事：

釋迦牟尼有一天在恒河的南岸說法，有一位信徒知道天底下最有智慧的人在那裏說法，就從恒河的北岸走了很遠的路，要到南岸去聽法。但是到了恒河之後，他發現無法過去，若要繞路，走到對岸時，法會可能已經結束了。怎麼辦呢？

他問旁邊的船夫：「請問這個河水深不深，可不可以過去？」

船夫說：「淺淺的而已，差不多到膝蓋。」

那個人聽了後很開心，說：「那我就可以走過去了！」結果他就從河面上走了過去。

在恒河南岸聽法的人，看到有一個人從河面走來，都嚇壞了，因爲河水有好幾丈深。他們就問佛陀：「這是不是菩薩的化身？要不然他怎麼可以從河面上走過來？」

佛陀說：「不是，他不是菩薩的化身，他跟你們一樣，只不過他對我所說的法有絕對的信心，所以可以從河面上走過來。」

醍醐灌頂

有了可以走在河面上而不沉下去這樣的信心，可以戰勝一切困難。只有肯定自己，才會有信心。只有有了信心，才能打開成功的大門。

25 在你最困難的時候，並不是孤立無援的

有一天晚上，一個人做了個夢，夢見和菩薩在一起走在沙灘上，空中忽然閃過了他一生中的點點滴滴……

他發現在每一幕裏，沙灘上都有兩對腳印：一對是他的，另一對是菩薩的……

當最後一幕劃過後，他再回頭看著沙灘上的腳印，卻發現有好幾次，沙灘上卻都只有一對腳印！而且那些時候都正好是他生命中最低潮，最難過的時候……

他很困惑地問著菩薩：「你答應我的，你說你會循聲救苦，一旦我誓願跟隨你，你就會一直走在我身邊護持我；但是我發現在我生命中最難受痛苦的時候，沙灘上卻只有一對腳印啊！我不懂，爲什麼在我最需要你慰助的時候，慈悲的你卻捨我而去？」

菩薩慈悲柔和地回答說：「我憶念你、護持你，而且我永遠不會離開你。在那些你最困難、最痛苦的時候，你只看到一對腳印，因爲，那是我抱著你在走的……」

醍醐灌頂

當我們面臨困境的時候，常常悲觀地認為自己孤立無援，非常無助和無奈。其實，靜下心來仔細想一想、看一看，你就會發現，支持你的各種力量還是非常多的。

26 世上無難事，只怕有心人

《佛經》上有這樣一個故事：

古時候，有一位國王，想挑選一名官員擔當一項重要的職務。他把那些智勇雙全的官員全都招集了來，試試他們之中究竟誰能勝任。

官員們被國王領到一座大門前，面對這座國內最大、來人中誰也沒有見過的大門，國王說：「愛卿們，你們都是既聰明又有力氣的人。現在，你們已經看到，這是我國最大最重的大門，可是一直沒有打開過。你們之中誰能打開這座大門，幫我解決這個久久沒能解決的難題？」

不少官員遠遠張望了一下大門，就連連搖頭。有幾位走近大門看了看，退了回去，沒敢去試著開門。另一些官員也都紛紛表示，沒有辦法開門。

這時，有一名官員卻走到大門下，先仔細觀察了一番，又用手四處探摸，用各種方法試探開門。幾經試探之後，他抓起一根沉重的鐵鏈子，沒怎麼用力拉，大門竟然開了！

原來，這座看似非常堅牢的大門，並沒有眞正關上，任何一個人只要仔細察看一下，並有點膽量試一試，比如拉一下看似沉重的鐵鏈，甚至不必用多大力氣推一下大門，都可以打得開。如果連摸也不摸、看也不看，自然會感到對這座貌似堅牢無比的龐然大物束手無策了。

國王對打開了大門的大臣說：「朝廷那重要的職務，就請你擔任吧！因爲你不光是限於你所見到的和聽到的，在別人感到無能爲力時，你卻會想到仔細觀察，並有勇氣冒險試一試。」他又對眾官員說：「其實，對於任何好像難以解決的問題，都需要開動腦筋仔細觀察，並有膽量冒一下險，大膽地試一試。」

那些沒有勇氣試一試的官員們，一個個都低下了頭。

醍醐灌頂

俗話說：「世上無難事，只怕有心人。」在生活中，許多人與其說是被困難絆倒的，不如說是被自己的膽怯心理所嚇倒的。許多好像難以解決的問題，只要你敢於採取積極有效的行動，其實並不困難。

27 逞勇鬥狠不是勇敢，而是愚蠢的行爲

戰國時代，在齊國有一個無名小鎮，鎮上住著兩個自命不凡、愛說大話、喜歡自誇爲全世界最勇敢、最頑強、最不怕死的人。他們一個住在城東，一個住在城西。

有一天，這兩個自詡爲最勇敢的人，碰巧同時來到一家酒樓喝酒。他們一先一後進了酒樓後才互相看見對方。兩人相互寒暄了一番後，便選中靠窗的一張又乾淨、又明亮的餐桌相對而坐。不一會兒，酒保送上來了一壇陳年老酒。店小二替他們剝去壇口上的封口泥，打開了酒壇蓋子，一股香氣撲鼻而來。店小二替他們各自斟滿了一碗酒後，把酒罈子放到桌子上，很客氣地退了下去。

這兩個「最勇敢」的人喝了一會酒，聊了一會天，邊喝邊談，漸漸覺得有酒無肉實在是有點乏味。其中一個「最勇敢」的提議說：「老兄，稍等一會再喝。這樣光喝酒不吃肉也不是味，我到菜市場去買幾斤肉來，叫這酒店廚師加工後端上桌子供我們下酒。咱倆難得在一起，今天喝個痛快。」

另一個「最勇敢」的答道：「老兄，不必到菜市場去買肉了。你我身上不都長著有

肉嗎？聽人說腿肚子上的肉是精肉，我們將自己隨身帶的刀在自己身上割下肉來下酒，又新鮮、又乾淨，不是更好嗎？只叫店小二端盆醬來蘸著吃就行了。」

第一個「最勇敢」的爲了表現自己的「勇敢」，只好同意了對方的提議。不一會兒，店小二將一盆醬端來了，放在桌子上面。他們每人喝了一碗酒後，各自抽出自己的腰刀，在自己的大腿上割下一大塊肉來，血淋淋的放在醬盆裏蘸了一下，然後送到自己嘴裏嚥了下去。

就這樣，他們每喝一大碗酒，就在各自大腿上割下一大塊肉來吃。當時在場的人看到後又驚訝、又害怕，但誰也不敢上前干預。這兩個「最勇敢」的人在酒樓裏一邊喝酒，一邊吃著從自己身上割下的肉。他們兩個人都自稱是世界上最勇敢的人，誰也不肯在對方面前認輸。就這樣，酒一大碗一大碗地喝下去，他們身上的肉也一大塊一大塊地被割下來；鮮血不斷地從他們身上流出，流到地上，流了一大片……不多久，這兩個自詡爲最勇敢的人，都由於失血過多而死去。

醍醐灌頂

真正的勇敢，能夠能幫助我們戰勝前進道路上的危險和困難。真正的勇敢包括兩個方面：一是迎戰不應該害怕的；二是躲開那些無謂的威脅和損失。盲目的逞勇鬥狠不是勇敢，而是愚蠢、無聊的行為。

國家圖書館出版品預行編目資料

豁達寬容：身心安頓的智慧 / 杜天宇著. -- 初版. -- 新北市：華夏出版有限公司, 2023.12 面；　公分. --（Sunny 文庫；308） ISBN 978-626-7296-25-7（平裝） 1.CST：佛教修持 2.CST：人生哲學 225.87　　112004515

Sunny 文庫 308
豁達寬容：身心安頓的智慧

著　　作　杜天宇
出　　版　華夏出版有限公司
220 新北市板橋區縣民大道 3 段 93 巷 30 弄 25 號 1 樓
電話：02-32343788　傳真：02-22234544
E-mail：pftwsdom@ms7.hinet.net
印　　刷　百通科技股份有限公司
電話：02-86926066 傳真：02-86926016
總 經 銷　貿騰發賣股份有限公司
新北市 235 中和區立德街 136 號 6 樓
電話：02-82275988　傳真：02-82275989
網址：www.namode.com
版　　次　2023 年 12 初版一刷
特　　價　新台幣 320 元（缺頁或破損的書，請寄回更換）

ISBN-13：978-626-7296-25-7